iN
CONS
Ci&N
CiAS

INCONSCIÊNCIAS

OSCAR CESAROTTO

PSICANÁLISE SEMIÓTICA CULTURA MATERIAL

ILUMI//URAS

Copyright © 2019
Oscar Cesarotto

Copyright © 2019 desta edição
Editora Iluminuras Ltda.

Capa e projeto gráfico
Eder Cardoso / Iluminuras

Revisão
Jane Pessoa

CIP-BRASIL. CATALOGAÇÃO NA PUBLICAÇÃO
SINDICATO NACIONAL DOS EDITORES DE LIVROS, RJ
C416i

    Cesarotto, Oscar
     Inconsciências : psicanálise, semiótica, cultura material /
Oscar Cesarotto. - 1. ed. - São Paulo : Iluminuras, 2019.
     216 p. ; 23 cm.

    Inclui índice
    ISBN 978-85-7321-617-2

    1. Psicanálise. 2. Psicanálise e cultura. 3. Cultura material. I. Título.

19-60385　　　　　CDD: 302.17
　　　　　　　　　CDU: 316.7:316.6

2019
EDITORA ILUMINURAS LTDA.
Rua Inácio Pereira da Rocha, 389 - 05432-011 - São Paulo - SP - Brasil
Tel./Fax: 55 11 3031-6161
iluminuras@iluminuras.com.br
www.iluminuras.com.br

SUMÁRIO

PREFÁCIO
   Geraldino Alves Ferreira Netto, 9

INCONSCIÊNCIAS

NÓS EM PINGOS D'ÁGUA
   Oscar Cesarotto, 13

SIMBÓLICO

O ENSINO DE LACAN, 17
O LACANISMO & O LACANÊS, 33
O OUTRO JACQUES (*O PRIMEIRO MILLER*), 41
DISPERSÃO DA PSICANÁLISE, 45
TRANSMISSÃO DA CLÍNICA, 51
A AUTORIZAÇÃO DO ANALISTA, 57
OS SETE DISCURSOS CAPITAIS, 61
OS OLHOS SÃO OS GENITAIS DA PERCEPÇÃO, 65
JOYCE TO THE WORLD!, 71
A REALIDADE ONÍRICA, 77

IMAGINÁRIO

O PARADIGMA ASSINTÓTICO, 83
SEMIÓTICA PSICANALÍTICA PARA CRIANÇAS DE
   0-99 ANOS-LUZ, 93

RES NON VERBA, SCRIPTA MANET, IMAGO VOLAT, 105
ARTES BORROMEANAS, 109
A HERESIA DE FARNESE DE ANDRADE, 115
POR UMA CABEÇA, 123
TPM (Tesão Por Mulheres), 127
TRÊS VERGONHAS SACANAS, 129
O MOSTRUÁRIO DOS TERRORES DA TERRA, 139
HAPPY BIRD DAY!, 143

REAL

MORITURI TE SALUTANT, 149
A PULSÃO DE DOMÍNIO, 155
O REAL TEM SENTIDO?, 169
AS PELES DE HUNDERTWASSER, 173
ECO DE ITÁLIA, 177
CONTOS DE HOFMANN, 183
UM CASO DE MANIA BEM-SUCEDIDO, 189
O QUE NÃO TEM REMÉDIO, REMEDIADO ESTÁ..., 193

A ESCUTA FLUTUANTE DO PROZAC
    Oscar Cesarotto & Márcio Peter de Souza Leite, 199

MÁRCIO PETER DE SOUZA LEITE – Vida, obra & amizade, 205

SOBRE O AUTOR, 211

OUTRAS OBRAS DO AUTOR, 213

PREFÁCIO
Geraldino Alves Ferreira Netto

"*Do alto destas calendas, quarenta anos vos contemplam.*" Parafraseando o bisavô da paciente de Freud, princesa Maria Bonaparte, o importante aqui não são as Pirâmides do Egito, mas as quarenta agendas com anotações de sessões de análise, conduzidas durante os quarenta anos de psicanalista, bem vividos & praticados no Brasil, pelo autor deste livro, Oscar Cesarotto. Tais anotações anuais formam rica coleção de gírias & expressões usadas pelos pacientes & assimiladas pelo escutador flutuante, que enriquecem seu estilo. Oscar firma-se como um conhecedor da língua pòrtuguesa com tal profundidade que nos obriga, com certa frequência & humilhantemente, a recorrer aos dicionários.

Autor de vários livros e artigos sobre psicanálise, literatura, cultura, semiótica, tango & sedições, palestrante sedutor pelos chistes & ditos espirituosos, Oscar marca a literatura psicanalítica brasileira com uma mestria ímpar, bem-humorada, trazida da Argentina, iniciada lá por outro Oscar, também lacaniano, Masotta. Várias capas dos livros de Cesarotto são ilustradas com suas obras de arte conceitual, por ele alcunhadas de *Ikebanas lacanianos*, que podem ser vistas em exposições de galerias. Oscar é também um amante da música, possuidor de vários metros quadrados de discos de vinil, bolachas raras & preciosas.

Tirante o humor negro, nós brasileiros temos muito que agradecer à ditadura argentina, pelos grandes mestres que se expatriaram & vieram trazer a verdadeira peste, agora freudiana, justo no momento em que se iniciava, por estas bandas, o estudo do legado freudiano revitalizado por Jacques Lacan. Juntamente com Márcio Peter de Souza Leite, Oscar & eu tivemos a sorte de participar do que é considerado o primeiro grupo lacaniano surgido no Brasil em 1975, em São Paulo, o Centro de Estudos

Freudianos, existente até hoje com novas nomenclaturas. O capítulo final deste livro é uma homenagem póstuma, justa & sentida, ao companheiro Márcio, que migrou mais cedo para alguma outra galáxia, depois de uma brilhante passagem pela psiquiatria & psicanálise, registrada em profundos livros & mostrada em palestras irretocáveis.

O livro contém preciosidades de um pensador com três cidadanias, uma incrível entrevista com o escritor Umberto Eco, um diálogo instigante entre a psicanálise & a semiótica, tipo: *Enquanto a semiótica estuda o funcionamento sígnico da internet, só a psicanálise explica o porquê dos sites mais visitados serem os de sacanagem.* Jogos de palavras & aforismos aí abundam, como: *Vagabundas de bundas vagas; O inconsciente nada tem a ver com os neurotransmissores; O desejo não coincide com a serotonina; Fartas farmácias farão a farra; Que o símbolo seja a morte da coisa é consequência da morte ser a causa do símbolo.*

Quem quiser se divertir & se informar tem que ler o livro inteiro, um compêndio de psicanálise. Não vou explicar aqui a teoria do *Yô-Kêm-Pô*, que precisa ser degustada no texto & no contexto. Só para terminar: *O Ministério do Inconsciente recomenda: Rir é o melhor diurético.* Brindemos, Oscar!

INCONSCIÊNCIAS

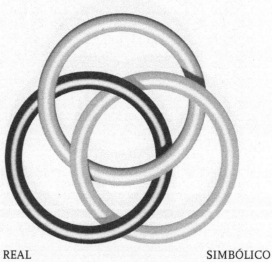

NÓS EM PINGOS D'ÁGUA
Oscar Cesarotto

Amarcord... No dialeto de Fellini, *recordo, me lembro*... Nunca esqueci as primeiras exposições assistidas em Buenos Aires: Bauhaus, Nova Figuração, happenings, Op Art, Pop, HQ... Sobretudo, tantos anos atrás, no Instituto Di Tella, o encontro com Oscar Masotta, que, muito antes de tê-lo como mestre na psicanálise, também teria sido mentor em... semiótica! *Avant la lettre!* Por vias tortas, abriram-se portas; pelas certas, ficaram abertas...

Não por acaso, um dos seus escritos do final dos 1960, simultâneo com o início da transmissão do ensino de Lacan, "Reflexiones transemióticas sobre un bosquejo de proyecto de semiótica translingüistica",[1] inspira a presente coleção de textos & artigos. Retomo agora, depois de quatro décadas no Brasil clinicando & ministrando aulas de psicanálise, comunicação & semiótica, as raízes, os frutos & as sementes das disciplinas conjugadas, inseminadas, hibridadas.

Simbólico, Imaginário & Real: a amarração profícua dos registros da experiência dos seres falantes, sexuados & mortais permite a consistência de uma nova síntese epistêmica, agora nomeada como *Semiótica Psicanalítica*. Seu objeto de estudo são as consequências psíquicas dos signos culturais, nunca conscientes nem racionais porque produtos da subjetividade da época, historicamente incompleta assim que vivida. Enquanto isso, seus poderosos chefões Sigmund Freud, Jacques Lacan, Umberto Eco, James Joyce, Hundertwasser, Jim Morrison, Farnese de Andrade, Joseph Kosuth, Albert Hofmann, John Waters, Jacques-Alain Miller, Jorge Alemán, Geraldino Alves Ferreira Netto & Márcio Peter de Souza Leite farão boa companhia ao leitor...

[1] In: Oscar Masotta, *Ensayos lacanianos*. Barcelona: Anagrama, 1976, pp. 91-107.

SIMBÓLICO

O ENSINO DE LACAN

Por décadas a fio, de viva voz ou no deslizar da pena, a presença de Jacques Lacan foi marcante para seu público, os psicanalistas, que acompanhavam o exercício ininterrupto de sua lucidez implacável. Eles, porém, não eram os únicos destinatários de suas palavras, prontas para acordar os dorminhocos & os conformados, mas a qualquer um poderia dizer respeito, desde que admitisse um saber em ato que o colocasse em causa. Frutos de uma verve ímpar, sua lábia & seu carisma fizeram escola, pela inteligência das suas afirmações. Suas ideias, proferidas em alto & bom som, levaram a psicanálise para além de territórios nunca antes trilhados, questionando mentalidades & potencializando a ciência do inconsciente.

Seus axiomas, formulados com todas as letras, mais de uma vez atingiram domínio público, circulando de boca em boca como perfeitas locuções. Contudo, a celebridade tem um preço: alguns dos seus achados terminaram virando clichês, trivializados pela repetição indiscriminada. As frases que, ao longo de seu ensino, Lacan utilizou uma & mais vezes se destacam por compactar articulações precisas ou pelos enunciados, sagazes & heurísticos. Tais características tornam muitas delas altamente valiosas, pela densidade dos argumentos. Algumas, levadas pelos ventos da oralidade, foram disseminadas a céu aberto, fora do território restrito dos analistas, na extensão da psicanálise que permeia a vida cotidiana do mundo ocidental.

Não obstante, parâmetros de sucesso, como a difusão, a divulgação & até a popularidade são insuficientes para prever o futuro desses dizeres. Para os que sabem ler & ouvir nas entrelinhas, a criatividade lacaniana deixou traços no linguajar contemporâneo. Enunciados certeiros, ditos espirituosos, frases feitas ou tiradas memoráveis, depois repetidas por tantos outros: muitas são afirmações taxativas, peças calibradas de concisão doutrinária; organizadoras de um sistema de pensamento & elaborações que comprovam o interesse maior pelo esforço de formalização, na procura da transmissão cada vez mais eficaz da psicanálise. Os pontos extremos dessa tendência teriam sido os *matemas*, a tentativa de criar, por meio de fórmulas algébricas, unidades conceituais exatas, na pretensão de promover uma literalidade inequívoca.

LACAN FALOU & DISSE

Frases de efeito, efeito garantido? As formulações de Lacan, às vezes, parecem aforismos forjados nos moldes do enigma ou premeditados para causar espécie. Pela própria natureza do seu *speech*, foi mentor de asseverações contundentes que, em situações corriqueiras & fora de contexto, enfrentam o risco da degradação, atingindo o nível do lugar-comum. Entretanto, a solidez de sua produção intelectual funciona como antídoto contra a entropia teórica de chavões & bordões. No consultório, em silêncio, ocupava o lugar do *sujeito suposto saber*, suporte da transferência. Em público, discursava & perseverava, ao longo dos anos, firmando suas ideias perante uma audiência que esperava da sua parte um saber exposto & magistral. Seu legado demanda & exige uma leitura minuciosa, navegando rios de tinta, oceanos conceituais & marés epistemológicas. Algumas pontuações, como ilhas de raciocínio, ganham relevo na superfície textual, sintetizando, em poucas palavras, os problemas cruciais da psicanálise:

» *O sintoma é a inscrição do simbólico no real.*
» *Não há Outro do Outro.*
» *A lei do homem é a lei da linguagem.*
» *O eu é o sintoma humano por excelência.*
» *Uma psicanálise é o tratamento que se espera de um analista.*
» *O desejo é a essência da realidade.*
» *O real é impossível.*

» O psicanalista faz parte do conceito de inconsciente.
» Desidero é o cogito freudiano.
» A lei & o desejo recalcado são uma só & mesma coisa.
» O real é o que responde ao acaso.
» Não cederás no que tange ao teu desejo.
» A Mulher não existe.
» O enigma é o cúmulo do sentido.
» Não há relação sexual.
» O desejo é a sua interpretação.
» Não há, na análise, outra resistência que a do analista.
» O inconsciente é o significante em ação.
» O bem-dizer não diz onde está o Bem.
» A transferência é a realidade do inconsciente posta em ato.
» O amor é dar o que não se tem.
» O olhar é o avesso da consciência.
» A psicoterapia conduz ao pior.
» Deus é inconsciente.
» A verdade tem estrutura de ficção.
» O que não veio à luz no simbólico, aparece no real.
» Um significante é o que representa um sujeito para outro significante.
» O sintoma é a estrutura.
» Não há metalinguagem.
» Penso onde não sou; sou onde não penso.
» Não retroceder diante da psicose.
» A transferência é uma relação essencialmente ligada ao tempo & ao seu manejo.
» O estatuto do inconsciente é ético & não ôntico.
» O analista só se autoriza dele mesmo.
» O inconsciente é a condição da linguística.

Essas são apenas as mais conhecidas; cada uma poderia ser tema de um seminário. Várias foram; tantas outras ficaram para a posteridade como charadas teóricas, nada banais, sempre instigantes.

A ESTRUTURA DO INCONSCIENTE

A obra de Lacan desdobra-se em duas perspectivas diferentes, porém simultâneas. Na vertente da escrita, tudo o que foi redigindo & publicando desde o começo de sua carreira, ainda na psiquiatria & depois na psicanálise. No exercício da oratória, a sequência de conferências & intervenções também ficou como letra impressa. Seminários & textos guardam estreita relação, os segundos como consequências dos primeiros: os mesmos temas, uma vez elaborados na frente dos seus discípulos, eram vertidos em artigos que, mais tarde, seriam compilados com a denominação genérica de *Escritos*. Dessa maneira, se alguma vez o destinatário de sua prédica centrava-se nos seus ouvintes, espectadores de sua ação performática, o aspecto literário deixou, logo depois, todos os interessados em seu ensino situados no papel de leitores.

Com a herança de Freud como pano de fundo, há uma constante no discurso de Lacan que atravessa diversas épocas, adotando, em cada momento de sua teorização, novas precisões, sem nunca ter sido abandonada como pedra de toque. Trata-se da referência onipresente, implícita ou explícita, aos registros de *Imaginário, Simbólico & Real*. Estas são as dimensões do espaço habitado pelos seres falantes, tal como é revelado pela experiência analítica. Cada uma das três categorias é autônoma & diferente das outras, embora todas estejam amarradas de forma interdependente.

O *imaginário* inclui duas acepções. Por um lado, quer dizer falso &, por esse viés, aponta para a ilusão de autonomia da consciência. Por outro, tem a ver diretamente com as representações & as imagens, as matérias-primas das identificações. Na teoria freudiana, corresponde à introdução do narcisismo como etapa intermediária entre o autoerotismo & as relações objetais da libido: o momento fundamental da cristalização da imagem do corpo, dando lugar à instalação, no psiquismo, da matriz do ego.

Fora desse âmbito, os humanos só existem porque falam, já que a linguagem, na sua expressão mais concreta, rege o ser do sujeito. Como causa & efeito da cultura, a lei da palavra interdita o incesto, nos tornando completamente diferentes dos animais. Nos trabalhos de Freud, a importância do *simbólico* pode ser encontrada nos textos que ilustram o funcionamento do inconsciente, onde a casuística prova como é estruturado; também naqueles outros que discorrem sobre o complexo de Édipo, por ser a *função do pai* determinante do registro.

O *real*, como terceira dimensão, é sempre aludido pela negativa: seria aquilo que, carecendo de sentido, não pode ser simbolizado nem integrado imaginariamente. Aquém ou além de qualquer limite, seria incontrolável & fora de cogitação. A reflexão a seu respeito traz de novo o velho problema da incompatibilidade cognitiva entre o sujeito & o objeto: relação impossível por ser o segundo sobredeterminado & o primeiro subvertido pelo seu desejo. Na metapsicologia, trata-se da base pulsional do isso, em cima da qual se organiza o aparelho psíquico. Para Freud, a diferença sexual anatômica era a referência-mor; todavia, foi o lugar outorgado ao trauma nos primórdios da psicanálise: aquilo que, por irromper de repente & sem razão, não permite nenhuma defesa eficaz.

Os três registros estão presentes desde o início do ensino lacaniano, até suas últimas intervenções. São as coordenadas da análise & os alicerces de uma psicopatologia exclusivamente psicanalítica, que nada deve à psiquiatria. Esses conceitos, originários da clínica, também têm incidências em outras disciplinas; por exemplo, na psicologia, na linguística, na filosofia & na semiótica. A divisão subjetiva & a dialética do desejo provocam rupturas epistemológicas nos diversos saberes correlatos, embora ainda seja cedo para se perceber o alcance de sua incidência no questionamento das humanidades.

Entretanto & por fortuna, Lacan achou um objeto formal apto para reunir seus preceitos, o chamado *nó borromeano*, constituído por três círculos entrelaçados & inseparáveis, com a propriedade única de, cortando um deles, qualquer um, os outros dois não ficam juntos. Se, desde os primórdios, dizia analogicamente que os registros estavam enlaçados, lacrados, mais tarde, encontrou o modelo adequado para que a afirmação deixasse de ser apenas retórica para se transformar em algo real, de verdade. Este nó é útil para perceber a concatenação dos registros & suas lógicas recíprocas, evitando considerá-los em separado, funcionando em uníssono. Assim mesmo, cada um com seu devido status, nenhum deles com mais ou menos importância ou hierarquia que os outros, atuando de maneira conjunta.

Em certa época, Lacan admitiu ter sido estruturalista, acrescentando em seguida que seria esta a sua estrutura particular. Conhecido tradicionalmente por tecelões, marinheiros & escoteiros, o nome do nó deriva do brasão que ornamentava o escudo de armas de uma nobre família do norte da Itália, os Borromeos. O recurso à topologia teve uma grande importância ao longo do seu percurso discursivo, até ocupar cada vez mais tempo & espaço nas lições do seminário, sem divórcio entre o prolongado trabalho com os nós & a prática analítica.

A SUBVERSÃO DO SUJEITO

O inconsciente, a pulsão, a transferência & a repetição, os quatro conceitos fundamentais da psicanálise, precisam ser pensados à luz dos registros. O fio condutor é a noção de *sujeito*. Esse substantivo é propenso ao mal-entendido, como consequência da sua pertinência simultânea a outros contextos, o filosófico, o jurídico, o gramatical etc. No psicanalítico, a despeito de todos os anteriores, não designa concretamente substância alguma, nem identifica ninguém. Esse termo é utilizado numa versão diferente da habitual, pois não seria sinônimo de pessoa, ou indivíduo; muito menos poderia ser confundido com a consciência.

Quando alguém, falando, pretende se expressar & se fazer entender, mas de repente tropeça numa palavra, ou a troca por outra sem perceber, ou ainda, ao utilizar uma expressão que, por ter mais de um significado, produz no interlocutor uma impressão diferente da que tentara transmitir... eis o inconsciente em ação! Na surpresa de um *lapso de língua*, quem se manifestou? A racionalidade do falante não se reconhece naquela palavra que, inesperada & inoportuna, acabou sendo ouvida; talvez revelasse um anseio inadmissível, que deixou evidente outro querer diferente & desconhecido ao intervir no dito.

Podem-se estabelecer dois momentos, antes & depois do ato falho. Previamente, o locutor expressava-se fluente, dono de si. Depois da frase impensada, quando foi pronunciado algo inimaginável, quem disse fica em causa, sem graça, trapaceado & ultrapassado pelo significante. Primeira conclusão: a intencionalidade foi superada pelo dizer; quem falou não fica indiferente perante o fato. Segunda: denomina-se *sujeito do inconsciente* a capacidade da linguagem de enunciar mais que o esperado, indicando um desejo do qual não se tinha notícia. Terceira: o sujeito é determinado pelo *Outro*, nome dado a tudo aquilo pelo qual ninguém chega a dominar plenamente os efeitos das suas palavras & atos: o resultado final, distinto daquilo que foi visado ou previsto pela vontade ciente.

Os seguintes postulados, de implicação recíproca, são o pano de fundo de todas as articulações lacanianas:

» *O inconsciente está estruturado como uma linguagem.*
» *A linguagem é a condição do inconsciente.*
» *O inconsciente é o discurso do Outro.*
» *O desejo do homem é o desejo do Outro.*

Essas afirmações balizam os registros & funcionam como referências imprescindíveis na interpretação do desejo. Na dependência ao dizer, o simbólico; nas miragens do eu, o imaginário; na emergência sem mediação, o real como causa: em todos os casos, a alteridade radical da *Outra Cena*. A psicanálise não dispõe de nenhuma ontologia, embora precise levar em consideração as vicissitudes do ser, ao mesmo tempo falante, sexuado & mortal. Para tratar dele, Lacan cunhou um neologismo, aproveitando as facilitações de sua língua natal: *parlêtre*.

Esse significante concentra uma pluralidade de sentidos: *parler* (falar) – *lettre* (letra) – *être* (ser). Designa aquele que é, pelo simples fato de falar, na obrigação exclusiva da nossa espécie. Toda & qualquer naturalidade desaparece na cultura; daí a *sexuação* como processo de abstração onde o simbólico molda o imaginário, nem sempre coincidindo com a biologia. A transliteração do termo tem prós & contras; como em português não existe nada parecido, a invenção se torna necessária: *falesser*. Essa condensação resgata a fala & o ser, com o falo embutido; por acréscimo, introduz a finitude como presença inesperada. De quebra, a expressão pode ser lida e escandida como um mandato: *Fale, ser!*

Num escrito basilar da safra de 1953, "Função e campo da palavra e da linguagem em psicanálise", Lacan escrevia: *O inconsciente é o capítulo da minha história assinalado por um branco, ocupado por um logro, um capítulo censurado. A verdade, porém, pode ser reencontrada; amiúde, já está escrita em outro lugar. Isto é:*

> » *nos monumentos, isso que é o meu corpo; quer dizer o núcleo histérico da neurose onde o sintoma mostra a estrutura de uma linguagem, para ser decifrado como uma inscrição que, uma vez recolhida, pode ser destruída sem perda grave;*
> » *nos documentos dos arquivos, que são as lembranças de minha infância, impenetráveis quando não reconheço sua proveniência;*
> » *na evolução semântica, respondendo ao repertório & às acepções do vocabulário que me é particular, assim como ao estilo de vida & ao caráter;*
> » *na tradição & ainda nas lendas que, sob uma forma heroica, veiculam minha história;*
> » *nos rastros, finalmente, que conservam inevitavelmente as distorções, necessárias para a conexão do capítulo adulterado com os capítulos que antecedem & sucedem, cujo sentido será restabelecido pela exegese.*

Em outras palavras, tudo aquilo que fartamente a associação livre prove: os sintomas, as recordações encobridoras, os mitos individuais; inclusive o estilo & os tropos do discurso pessoal. Caiu na rede da escuta, pode ser significativo. No entanto, nem tudo é significante, já que o real, furando a trama do simbólico, é o limite de qualquer significação.

PSICANÁLISE EM EXTENSÃO

O *lacanismo*, historicamente, costuma ser parcelado em quatro períodos. De início, o *épico*, a saga da reconquista teórica do retorno a Freud. Depois, o *neoclássico*, quando se pensava que a consistência dos conceitos precisava ser incrementada, para melhorar o original. Mais tarde, o *kitsch*, reproduzindo o estabelecido, até o extremo da repetição em série. Por último, na atualidade, o *tempo do paradigma*, onde seria necessário aprofundar & consolidar a perspectiva do edifício conceitual & suas inúmeras linhas de fuga. Décadas há, o velho analista mergulhava num merecido sono sem sonhos, depois de uma longa jornada & extensa produção. Ainda vivo & até o limite da sua sabedoria, continuava a pensar & reformular as ideias & os conceitos que a sua lavra aquinhoara para benefício da psicanálise, mas também para glória & desafio do pensamento ocidental.

Finda a sua existência, acabaram as criações, pelo menos aquelas que, na transferência, se esperava dele, mestre por obra & mérito. Um capítulo da gesta do movimento psicanalítico assim foi encerrado; o seguinte, a partir de então, para todos os efeitos, se denomina *pós-lacanismo*, ressalvando que esse termo, mais do que uma mera denominação cronológica, alude a algum tipo de superação, junto com um questionável progresso em relação à época anterior. Hoje, a disseminação da orientação lacaniana é um fato incontestável, pois muitos são os analistas referenciados, em diversos países, congregados em instituições locais & transnacionais, embora muitos preservem algum tipo de liberdade associativa. O epicentro continua sendo Paris; no entanto, faz tempo que deixou de ser uma meca.

Em priscas eras, não era fácil nem possível o acesso aos seminários datilografados; agora a maior parte já foi editada, em versões oficiais ou piratas. Junto com eles, enorme quantidade de bibliografia a respeito, livros, revistas, artigos etc. Inclusive, a tarefa ininterrupta do legatário teórico Jacques-Alain Miller, estabelecendo, comentando, elucidando & parafraseando os textos básicos, constitui, *per se*, uma bibliografia paralela, não independente, porém correlata. Outrossim, existem vários dicionários na praça, bastante confiáveis. Para completar, o discurso universitário, até certo ponto & de maneira limitada, começa a admitir a competência do saber lacaniano. Providencialmente, a edição digital da totalidade dos escritos democratizou a leitura, favorecendo os estudos cronológicos.

Tudo isso pintaria um quadro otimista, com a expansão daquele ensino extrapolando fronteiras, polinizando as mais diversas epistemes & disciplinas, fecundando mentes esclarecidas & arrebatando corações propícios. Mas nada garante que assim possa ser: neste momento pós-lacaniano é quando a batalha contra o obscurantismo está em andamento, sem que se saiba, ao certo, qual será o seu desfecho. Na alvorada do terceiro milênio, o inconsciente se encontra sob fogo cruzado, atacado pelo capitalismo predatório, o mal-estar na cultura, a sociedade depressiva, as religiões totalitárias, o consumismo gozoso, aliados ao discurso da ciência, mais cego do que nunca. Alguma vez, Lacan disse que a psicanálise era um sintoma da civilização, até chegar um dia em que esta última se curaria dela. Paranoia ou profecia?

ENCORE

Assim caminha a humanidade. Os irmãos Marx, famosos no seu tempo, então & hoje provocam gargalhas em série com seu humor fora de série.

Nem Lacan ficava sério. Mais, ainda: via, neles, um paralelismo didático.

Harpo era o real, pura pulsão acéfala. Imprevisível, caótico & desmedido, sua mudez o eximia da enunciação, da lei & da ordem.

Chico, sempre agindo como mediador, representava o imaginário, as pompas do eu, a vaidade & o desconhecimento, sendo, ao mesmo tempo, cordato & insensato, inteligente e & tolo.

No simbólico, Groucho, bom de bico, não dava ponto sem nó em pingo d'água, com seus trocadilhos & sua relação magistral com o inconsciente.

Era uma fraternidade topológica & anárquica a serviço do riso, da irreverência & do levantamento do recalque.

Karl, o patriarca do clã, ficaria orgulhoso dos seus longínquos parentes, & suas irreverentes contribuições teóricas.

Lacan também!

* * *

ANEXO 1: *Os três registros* – Variações de Serge André

Lugar & função do nó *borromeu* ou *borromeano* na obra de Lacan:

1. Restauração do conceito de real.
2. Redefinição da noção de realidade & seu princípio de orientação.

O nó é a escritura, em signos lógicos, das formações do inconsciente. Seu achado caiu, como uma luva, para formalizar os conceitos abstraídos de anos de predicação, concretizando um esforço epistemológico de diferenciação & articulação.

O que é? Trata-se de uma combinação de, pelo menos, três círculos de barbante, apresentando duas características:

a. É suficiente cortar um dos círculos, não importa qual, para que todos fiquem soltos.
b. Qualquer um dos círculos é equivalente aos outros & nenhum tem status privilegiado.

Três fazem um & o Uno é feito de três (qualquer associação com a Trindade procede): tal criatura topológica, como artifício, interessa para o discurso científico pelas suas propriedades não intuitivas. Os três elementos, amarrados do jeito certo, dão sempre como resultado o mesmo enlace: esta é sua existência concreta, embora não exista na natureza. Mas também deve ser considerado entanto objeto &

instrumento de feitio humano, uma invenção, um produto, um traço de engenho.

Essa estrutura nodal, superior à soma das partes, compõe um artefato heterodoxo; aquilo que, na psicanálise, costuma ser chamado de *complexo* também pode ser pensado segundo a lógica de sua consistência, comportando ainda um buraco central. Pode ser apresentado como coisa, em 3-D, ou representado no plano, desenhado, colorido. Como efeito de nomeação, cada elo, interseção ou cruzamento pode ser significado na sua complexidade.

Na geometria euclidiana, uma reta é uma sucessão de pontos & um ponto é a interseção de duas retas. Um ponto & uma reta, por sua vez, definem um plano. O ponto é postulado, assim, de forma tautológica, mas poderia ser definido em três dimensões, segundo a perspectiva topológica, já que o calce dos três círculos seria uma superfície ínfima de contato, um ponto transfinito no espaço físico. Por sua vez, o nó é, de fato, uma trança, cujo enlace correto segue uma regra de construção: por cima – por baixo – por cima – por baixo. *Voilà!* Contudo, o dito-cujo comporta um sentido preciso: ele pode ser *levógiro* ou *destrógiro*, questão que levanta a hipótese do espaço ser ambidestro...

No caso *princeps*, seriam possíveis duas versões:

RSI – SIR – IRS (direita para esquerda)
RIS – ISR – SRI (esquerda para direita)

Sem exceção, Lacan colocou a leitura anti-horária em primeiro plano ao longo da sua teorização, sem nunca contrariar a orientação, canônica & doutrinal.

O imaginário recobre o real (I > R) em duas configurações:

» i (a) – *A imagem do corpo.*
» m – *O eu, constituído a partir do semelhante.* (S2)

O simbólico limita o imaginário (S > I) em duas imposições:

» $\bar{S}$ – *A dimensão do sujeito do significante.*
» I (A) – *O ideal do eu, sustentado pelo Outro, para além do espelho.*

O real faz restrição ao simbólico (R > S) a partir de duas objeções:

» S ($\bar{A}$) – *A verdade não pode ser dita toda, porque faltam palavras: nem tudo o que é real pode ser simbolizado.*
» $\exists x \Phi x$ – *A determinação pelo significante, pela inscrição do gozo na função fálica, só opera segundo uma exceção: teria existido (o Pai Primitivo, no mito freudiano) "pelo menos um" que, mesmo fora da castração, regeria como lei para todos os outros.* (S1)

O nó não é a figura topológica do sujeito, mas o inclui no seu traçado. Para qualquer erro ou desenlace na sua construção corresponderia uma patologia. Ademais, para se pensar a experiência clínica segundo o prisma borromeano, deveria ser suposto um quarto elemento (o simpthome, o *Nome-do-Pai*), para fazer suplência & recauchutar a estrutura psíquica deficitária.

***

ANEXO 2: *Os três registros* –Variações de Slavoj Žižek

Real *real*: A coisa horrível
» A cabeça da Medusa
» O abismo
» O alien

Real *simbólico*: As fórmulas sem sentido da ciência.
Real *imaginário*: As *pequenas diferenças* do narcisismo.
Simbólico *real*: O capital.

Simbólico *simbólico*: A palavra com significado.
Simbólico *imaginário*: Os arquétipos junguianos.
Imaginário *real*: A coisa horrível (representada).
Imaginário *simbólico*: Os símbolos.
Imaginário *imaginário*: A imagem sedutora.

* * *

ANEXO 3: *Yô-Kêm-Pô!*

> "*Depois de alguma reflexão, cheguei à conclusão de que essa é uma das maneiras mais fecundas de se elucidar, de se precisar um fato ou uma situação. Por exemplo, o nó borromeano: quando entendi qual era o problema; que de fato o real, o simbólico & o imaginário estavam amarrados de tal jeito, que o nó refletia melhor do que qualquer explicação; então, percebi sua relevância heurística.*" (Newton da Costa, numa entrevista com Márcio Peter de Souza Leite & Oscar Cesarotto, em 1985.)

Desde 1972, o nó borromeano ganhou notoriedade simultânea em dois lugares bem distintos: nos tambores de John Bonham, baterista do Led Zeppelin & no quadro-negro do seminário de Lacan. No primeiro caso, acompanhava outros símbolos, sem explicação. No segundo, era apresentado para servir à sofisticação da teoria psicanalítica.

Para que serve o nó? Segundo Lacan, *para inventar a regra de um jogo*. Sem dizer qual, eis aqui um que poderia ser: trata-se do conhecido *Yô-Kêm-Pô*. Dois jogadores, na contagem de três, acompanhada da exclamação que dá nome à brincadeira, exibem mutuamente suas mãos, antes fechadas & agora abertas de três possíveis maneiras, segundo uma hierarquia que, por último & instantaneamente, consagra o vencedor.

A mão aberta: papel. Dois dedos em V: tesoura. A mão fechada: pedra. Assim, respeitando as leis do mundo físico, cada um desses gestos vira signo analógico, aceitando uma determinada ordem como verdadeira. De fato, um papel cobriria uma pedra, conseguindo, de certa forma, ganhar dela, mas uma tesoura retalharia o papel, porém, sem vitória eterna, porque, se quiser cortar uma pedra, perderia feio o gume. Seguindo essa racionalidade, também pensada seriamente pela teoria dos jogos, é possível disputar & desfrutar & decidir algum desempate. Pode ser muito útil, também, como divertimento conceitual...

Na leitura anti-horária do nó, o simbólico determina & se impõe ao imaginário, que, por sua vez, dá consistência à estrutura & sentido ao real. Este último permanece imutável, voltando sempre ao mesmo lugar, para colocar o impossível como limite do simbólico.

Brincar é saber, como Lacan aprendera com Winnicott. Mais ainda, como desafio: encontrar outro jogo que sirva para a versão destrógira do nó & suas implicações teóricas contrárias à teoria psicanalítica. Exemplos de vice & versa:

A pedra pode ser o esmeril que afia a tesoura, que recorta o papel com arte & faz um origami para ornamentar, mesmo efemeramente, a paisagem. A pedra pode ser esculpida & virar estátua; depois, ruína. Até a tesoura pode ser embrulhada para presente. Ela é um objeto técnico, mas também é uma coisa que materializa uma ideia inteligente, bem-sucedida há séculos. Sua função de corte, como marca da censura, metaforiza, obviamente, a castração.

O LACANISMO & O LACANÊS

Primeiro uma anedota ímpar, anterior à correção política posterior, prestando atenção para a contingência não eclipsar a estrutura: nos idos de 1980, apesar de Lacan ter querido a completa extinção da Escola Freudiana de Paris, nem por isso acabaram de imediato todas as querelas pertinentes a tal espaço comunitário. Para começar, pela observância das leis vigentes que regulamentavam a burocracia do estabelecimento, demoraria bastante tempo hábil até concluir, legalmente, o acerto que o mestre severo ceifara com seu gesto. Naquela época conturbada, a turma dos seguidores que com ele persistia editava um boletim de campanha pró-dissolução, com o sugestivo título de *Delenda*. No primeiro número, constava uma autoentrevista com Jacques-Alain Miller, que, simultaneamente, era capaz de perguntar & também de responder. Instado por si próprio a se definir, não duvidou em apresentar-se como um punk, ainda que lacaniano...

O tempora, o mores... Nesse período épico & apocalíptico, valia a pena tanto se identificar com um jovem niilista & espontâneo quanto conceber a psicanálise mais perto do "faça você mesmo", coerente com a "política dos grãos de areia", que de uma "instituição quase total", segundo a classificação de Goffman.[1]

Hoje, tantos anos depois, tudo é diferente: o aludido *ut supra*, por fim & vocação, virou delegado. Todavia, se quisermos pensar as consequências & nas consequências das consequências daquela saga, necessário seria fazer um levantamento topográfico & demográfico do campo freudiano, incluindo seus latifúndios & minifúndios.

Com efeito, a balcanização do legado de Lacan passa, desde então & até agora, por pessoas, grupos, entidades, publicações & demais que

[1] Irving Goffman, *Internados*. México: Siglo XXI, 1970.

tais, disseminados em ambos os hemisférios, poucas vezes harmoniosos entre si, sempre prestes a reivindicar uma filiação autêntica, seja esta simbólica, imaginária ou irreal.

No entanto, incluindo as peculiaridades idiossincráticas das diversas tribos, convém conferir o patrimônio coletivo & inalterado, característico de todos, & cada um daqueles que, pelos mais diversos motivos & apesar de todas as diferenças entre si, aceitam o qualificativo de "lacanianos". Trata-se, precisamente, do uso de uma linguagem que lhes é comum, que põe constantemente em jogo as palavras consagradas pelo ensino magistral & fundador.

Chame-se de "campo freudiano" ou de "campo lacaniano", em qualquer caso o conteúdo intrínseco do discurso delata sua procedência, sem desmedro da sua condição operatória. Assim, no particular, a lógica dos *quatrípodes* deveria ser instrumentada em função dos lugares que a enunciação & os enunciados circunscrevem, tirante os efeitos que promove; mesmo assim, ao se prestar atenção nos significantes que funcionam como marca registrada, constata-se a repetição sistemática dos mesmos.

Seguindo a asseveração de Lacan, "*Para constatar a consistência de uma teoria, tem de se aplicar à mesma os supostos nos quais ela se baseia*";[2] então, uma escuta analítica dos lacanianos se comunicando, das peculiaridades de sua maneira de falar & dos vocábulos sempre presentes inclina, pela via descritiva, ao aproveitamento do neologismo *lacanês*, que, pelo menos no Brasil, tem sido usado para designar essa classe ímpar de glossolalia.

Com isso posto, antecipamos o objetivo deste artigo: definir o *lacanismo* de várias maneiras; a começar, pelo código linguístico que o configura & determina. Em seguida, verificar como essa linguagem típica delimita territórios & ordens de pertinência que, em ocasiões, coincidem com instituições formais, sem que isso seja uma condição de existência. Inclusive, certa vulgarização de alguns termos-chave há tempo extrapolou seus contextos primários, com suas ressonâncias podendo ser ouvidas extramuros, na *extimidade* das escolas & institutos partidários.

---

[2] Paulo Caruso, *Conversaciones con Lévi-Strauss, Foucault e Lacan*. Madri: Anagrama, 1972.

Por outro lado & ao mesmo tempo, para fazer jus ao sufixo "ismo" na designação de uma tendência coletiva, resulta imprescindível lançar mão de uma perspectiva extra, que considere algumas coordenadas sociológicas; contudo, até agora & por enquanto, estudos dessa ordem quase nunca são feitos.

Pelo contrário, a regra tem sido a malversação da frase citada. Costuma ser de praxe a invocação do *discurso do mestre*, por exemplo, para tentar explicar impasses de política institucional, disputas pelo poder ou até interesses setoriais & pessoais; o *discurso universitário* para se referir aos problemas da transmissão do saber teórico; o *narcisismo das pequenas diferenças*, para aludir aos atritos & brigas em torno do prestígio, da propriedade intelectual das ideias etc & tal. Tudo bem, mas, dependendo das circunstâncias, a aplicação dos conceitos abstratos à vida cotidiana, embora faça sentido, pode servir também para ocultar causas, motivações & interesses bem concretos.

Por isso, entendendo o lacanismo como um movimento, não deveria ser negligenciado – na leitura do seu viés socioeconômico – tudo aquilo que orienta os critérios da produção & do consumo dos bens de uso & de troca, sejam livros, seminários, análises, supervisões & tantos outros itens. Em poucas palavras, a circulação do dinheiro precisa ser pensada pecuniariamente & nos termos da economia libidinal, no circuito pulsionalizado das equivalências simbólicas & das satisfações espúrias que proporcionam o psiquismo... Porém, se houver desconhecimento das relações capitalistas que a psicanálise – como tantas outras práxis – promove & usufrui, mais do que cair num erro epistemológico, levaria ao engodo.

Sem dúvida, a ideologia – da própria psicanálise, como da sociedade onde ela é praticada – permeia & deturpa, aleivosamente, seu exercício, tanto o clínico como o teórico, colocando em xeque a neutralidade dos praticantes.

O fato bem conhecido de Lacan ter se defrontado com a obra de Marx em determinado momento do seu ensino, promovendo um transvasamento entre o *objeto* e a *mais-valia* na cristalização do *discurso capitalista*, não exime seu patrimônio intelectual – com as ressonâncias culturais da sua prédica – de uma perscrutação analítica marxista.

Todas essas inferências & muitas mais deveriam ser tratadas por extenso, provavelmente em melhor ocasião. Aqui, apenas se pretende reafirmar a inescapável tarefa de se pensar o lacanismo com seus próprios parâmetros, na sua singularidade, mas sem esquecer que, como qualquer outra movimentação de um grupo humano sob a égide da civilização, também está sujeitado às leis da História & suas vicissitudes dialéticas.

Voltemos ao ponto nodal: Jacques-Marie Lacan, gênio & figura, antes vivo & já não mais, congregou um sem-número de discípulos & seguidores. Como alguma vez dissera, fez escola porque conseguiu transmitir um estilo que nunca independeu dos termos com que fazia circular o saber. Por sua vez, parece inevitável que estes mesmos afetem os sujeitos que deles se servem, subscrevem & se submetem. A resultante disso seria o *lacanês*, a ser compreendido da seguinte maneira: aquém de qualquer trejeito identificativo com o mestre no mimetismo performático, & para além da emulação de sua verborragia na transmissão de sua retórica, tornou-se conspícuo um repertório de significantes tradicionais; na constância desse jeitão, foi decantando & precipitando um jargão.

Segundo Burke, em seu livro sobre o assunto,[3] um jargão constitui "... *um tipo de linguagem específica, usada exclusivamente por um determinado grupo social, com a finalidade não só de comunicar, como de identificar reciprocamente seus usuários, operação inclusiva que exclui, ao mesmo tempo, aqueles que não são participantes do mesmo código*".

Sempre existiram jargões, até em demasia, sobejamente espalhados pelo mundo afora. Toda profissão tem o seu, assim como qualquer agrupamento com objetivos comuns, reunindo um contingente de pessoas que bem se entende quando fala, porque todos dizem a mesma coisa, sabida & sacramentada nas modalidades familiarizadas das palavras usuais. É óbvio que isso poderia ser críptico para quem não faz parte do

---

[3] Peter Burke e Roy Porter (Orgs.), *Jargões e linguagens: Contribuições para uma história social da linguagem*. São Paulo: Editora Unesp, 1997.

conjunto, ignora o significado dos significantes-mestres ou não consegue interpretá-los de forma correta.

Por essas & outras, o estatuto do jargão costuma ter uma conotação pejorativa. Como o autor aponta, ao longo dos séculos, na convivência urbana, os jargões assimilam alguns & afastam outros. Então, os que ficam siderados execram os de dentro, por considerá-los elitistas, portanto desprezíveis. O fato de muitos se relacionarem entre si sem deixar isso acontecer com os que não partilham o código ou, como diria Lacan muito mais tarde,[4] numa paráfrase de Bergson, *"deixando de lado os que não são da paróquia"*, acaba gerando antipatia & favorecendo o escárnio.

Non solum, sed etiam: nesses casos, a segregação pode ser contumaz. Se todos falam a mesma língua, o vernáculo, mas alguns, por utilizarem termos técnicos ou restritos, só se reconhecem entre si por essa prática, não apenas excluem os que a desconhecem, como também geram uma agressividade intencional, apanágio de quem se sente rejeitado, despejado daquele laço social.

No lacanismo, pela insistência do palavreado que lhe é inerente, não obstante facilitar o usufruto dos verbetes entre colegas, o uso exaustivo de uma linguagem caprichada acaba por inibir o intercâmbio com os que não a compreendem. Em certa medida, isso acontece, às vezes, no debate entre lacanianos & analistas de outros pedigrees que, apesar de professarem idêntico ofício, talvez nunca consigam concordar sobre os alcances do mesmo. A *confusão de línguas*, na melhor estirpe ferencziana, está longe de ser raridade. Em outras efemérides, quando se trata da interdisciplinaridade & da intertextualidade, existe consuetudinariamente o risco da interlocução não prosperar se não houver compatibilização das argumentações.

Tudo isso poderia acontecer, em termos de mal-entendidos & deformações, em alguma disciplina arbitrária qualquer, na medida em que a dimensão lexical entabulada entre linguagens especiais carece de garantias prévias de decifração mútua. No entanto, o lacanês acrescenta um estorvo extra, se considerarmos que os matemas — em geral tão

---

[4] Jacques Lacan, *Las formaciones del inconsciente*. Buenos Aires: Nueva Visión, 1970.

apreciados & unicamente inteligíveis para seus usuários – costumam ser vistos como mistérios gozosos para quem não é do ramo.

Diálogo de surdos? Educação impossível?! Não há relação intelectual? Seria o enigma o suprassumo do sentido? Mais, ainda, ou pior?

Com certa impertinência, possível desde que evitados os laivos de reverência quase religiosa que, em alguns momentos, parecem tomar conta do lacanismo, nada impediria que a mestria da arenga fosse interpretada livre & heuristicamente. Assim, a "Proposição de 9 de outubro de 1967", contendo questões cruciais & desafios à altura dos descalabros da formação analítica, forneceria um parâmetro analógico para organizar o universo profissional que nos diz respeito. Destarte, mais do que se falar em psicanálise *em extensão* & *em intenção*, para tentar driblar a aporia da pureza versus a aplicação, talvez fosse possível insistir na extensão & na intenção sim, mas, precisamente, do próprio lacanismo.

No primeiro caso, na dedicação exaustiva ao público interno, o rigor deveria ser o ideal da transmissibilidade do discurso, na certeza da comunhão entre seus interessados, sem temor de pregar aos já convertidos. No segundo, todavia, a alteridade do interlocutor – por definição, aquele que não partilha das mesmas convicções – mereceria ser respeitada na direta proporção do intuito de falar se fazendo ouvir, querendo ser entendido. Nesse particular, a álgebra dos matemas, tida & havida como infalível, teria que dar lugar à prosa profana, imprecisa, porém boa de papo, para não se perder no barroquismo da trama dos conceitos nem se apegar às interpretações bairristas, ainda que sofisticadas. Com cuidado, contudo, para não baratear o calibre teórico, na conveniência de aplainar as arestas da difícil troca de experiência entre pontos de vista divergentes, em prol da biodiversidade do diálogo, seja entre pares ou díspares.

Essas considerações declinam qualquer pretensão de solucionar a alçada babélica da prática analítica, equívoca por excelência. Antes, seria mais adequado circunscrever o problema, para poder pensá-lo no seu valor de impasse. No final das contas, o que seria o lacanismo senão um conjunto sistematizado de sintomas, todos aqueles que decorrem da institucionalização da língua de Lacan?

O lacanês, então, fascina os seus *verbocratas* quando modulado em voz alta, no gozo ativo do prestígio do jargão, eivando narcisismos & cultos à personalidade. Urge desmontar o relevo imaginário que transformou a consistência lacaniana do discurso psicanalítico na inconsciência de um idioma reduzido ao prazer de uso daquelas consignas que, de forma redundante, viraram palavras de ordem.

Voltando ao início de tudo & para concluir parcialmente, mencionemos que a continuidade destas reflexões levaria, por tabela, ao estudo exaustivo & crítico das manifestações & latências do *millerismo*, a etapa superior do lacanismo...

O OUTRO JACQUES
(*O PRIMEIRO MILLER*)

Somos todos *lacanoamericanos*, aqueles que nunca assistimos o aludido em Paris, Roma ou Caracas. Leitores de Lacan, desde sempre aos pés das suas letras, significantes, matemas & estilo. Os escritos, seminais & ortodoxos; os seminários: alguns oficiais, produzidos & pasteurizados ou em versões cruas & piratas, apócrifas. Décadas de transmissão, coerente & sequencial; ensino à distância para aqueles da mesma paróquia, apesar de morar longe.

Sim, teria havido um Lacan antes de Miller, psiquiatra virado psicanalista, didático ainda que expulso da sociedade dos profissionais da época, expositor de conceitos clássicos & articulações próprias, de viva voz ou em artigos esparsos. Sozinho, como sempre esteve na reconquista do saber & da verdade cortante da teoria analítica, rubricou a subversão do sujeito & a dialética do desejo na instância da letra no inconsciente freudiano, na função & no campo da palavra & da linguagem, isto é, na direção do tratamento & nos princípios do seu poder.

Sua oratória & discurso se mantiveram fiéis a si mesmo ao longo do tempo, em constante avanço, extramuros no espaço universitário ou na escola freudiana por ele fundada; inclusive, nas ondas das *latusas*, nos sulcos da *aletosfera*,[1] no rádio[2] & na televisão.[3] Mas o seu sistema de pensamento não ficaria igual depois de ter cruzado na vida com um xará que, pelas relações complexas de parentesco, além de genro, também seria o seu interlocutor privilegiado, auditor & manufator das suas lavras & palavras, redigidas & faladas, legatário por lei & vontade.

---

[1] Jacques Lacan, *Seminário XVII: O avesso da psicanálise*. Rio de Janeiro: Jorge Zahar, 1992.
[2] Id., "Radiofonia", in: *Outros Escritos*. Rio de Janeiro: Jorge Zahar, 2003..
[3] Id., *Televisión*. Barcelona: Anagrama, 1977.

Não por acaso, anos antes, endossara um ditado da tribo sironga: "*Um parente por aliança é como a coxa de um elefante*".[4] Anos mais tarde, diria: "*Aquele que me interroga sabe também me ler*". Voilà, Miller!

O elefante propriamente dito apareceu na capa do seminário número 1, *Os escritos técnicos de Freud*, lançado simultaneamente com o número 20, *Mais, ainda*. Foram precedidos pela edição do número 11, *Os quatro conceitos fundamentais da psicanálise*; todos, como os que viriam depois, com a tarefa transferida & intransferível do mestre ao seu produtor. Para este último, detentor de habilidades epistemológicas anteriores à prática analítica, sobrou toda a responsabilidade pela solução final dos textos autorizados que sustentam o retorno a Freud.

Versa-vice, desde os anos 1960 nunca houve Lacan sem Miller. Para começar & para constar, os *Escritos*, publicados em 1966, contam com a sua inestimável & inescapável participação, em duas intervenções: na racionalidade de um índice dos conceitos principais & na tabela comentada das representações gráficas.[5] Para os leitores, ou seja, para todos os que estudam o legado lacaniano, a orientação millerista precede toda & qualquer leitura, ajudando bastante, sem atrapalhar nenhum outro percurso ou interpretação. Lacan encontrou um colaborador à altura, tão interessado na lógica quanto ele & bem exercitado academicamente nas regras da formalização: o *primeiro Miller*, agente duplo do discurso magistral & doutoral, ainda virgem de divã.

O passamento de Lacan antecedeu o passe de Miller à clínica. Em sincronia, virou chefe de família & de escola, levando em frente tantas funções quanto capaz. Ao vivo & em direto, mediatizado & disseminado, sua presença, semblante & produção dão corpo ao lacanismo globalizante, com seus seminários replicando & expandindo, sem repetir, os do seu *familhonário* antecessor. Desde então, do Outro a um outro & sem Outro do Outro nem metalinguagem, a percepção acaba eclipsando a estrutura. Melhor dizendo, pelo seu desempenho enquanto personagem, suas últimas formulações ficam mais em destaque do que os serviços

---

[4] Jacques Lacan, "Función y campo de la palabra y del lenguaje en psicoanálisis", in: *Escritos*, México: SIGLO XXI, 1971.
[5] Jacques-Alain Miller, "Índice de conceptos & Tabla comentada de representaciones gráficas", in: *Escritos*, México: SIGLO XXI, 1971.

prestados à autoria daquele que falou & disse de um jeito singular. Se, pelo conjunto da obra, Lacan se definia como *freudiano*, então Miller seria *lacaniano*. Só resta saber, pelo transitivismo implícito, até que ponto Freud poderia ser considerado *milleriano*; como a saga continua, é só esperar pelo último Miller...

Più, ancora: Um pouco de topologia aplicada para entender como funcionam o planeta, o globo & o mundo (RSI). Nada como um dia depois do outro, o sol sai para todos, sempre pelo mesmo lado leste: eis a orientação. Se nublado estiver ou noite for, só as estrelas & olhe lá! Para tanto, a bússola foi inventada, alinhavando o norte magnético com as rotas & percursos codificados em meridianos & paralelos. *Mutatis Mutandis* Mutantes: Os lacanianos deveriam se orientar pelo real ou se nortear pelo simbólico? Se houver quem acredite na primeira proposição em detrimento da segunda, bem-aventurado seja, pois garantido será o eterno reino do imaginário & seus múltiplos efeitos colaterais, típicos da psicologia das massas & seus molhos personalizados.

DISPERSÃO DA PSICANÁLISE

Há um século, concluía, uma grande guerra, enquanto Freud introduzia um dos elementos capitais da sua teoria: desde então, um século de narcisismo como forma de vida alienada. Ontem como hoje, inibições, sintomas & angústias; hoje, mais do que nunca, novos gozos, travas egóicas inéditas & sofrimentos clássicos. Antes, durante & depois, a psicanálise, a cura pela palavra, cuja eficácia simbólica no tratamento das neuroses revela o real da clínica. Cinquenta anos mais tarde, Lacan formalizaria os conceitos fundamentais – inconsciente, pulsão, transferência & repetição – em termos de discursos & matemas.

Aqui & agora, a transmissão da psicanálise continua a acontecer segundo o tripé da formação continuada, isto é, a análise pessoal como via régia para a experiência do inconsciente; o estudo teórico dos textos canônicos, com suas conexões; a supervisão, como alteridade da escuta. Esse percurso necessário constitui a base ética & epistemológica da profissão, sem dúvida impossível, porém, provável... Por isso, os analistas devem dar provas concretas: em primeiro lugar, se autorizando a partir do próprio percurso; em segundo, se fazendo reconhecer pelo lugar social onde exercem o ofício. Em terceiro, como consequência, disseminando o discurso analítico na cultura da época.

Entretanto, a psicanálise não é mais a mesma, seja pelos desafios atuais, seja pela expansão do ensino lacaniano nos locais oficiais ou nas instituições tradicionais, anteriormente refratárias. As categorias de real, simbólico, imaginário, decorrentes da leitura da obra freudiana, orientam & norteiam a práxis, para além das escolas & segundo o estilo de cada praticante. Em princípio & em definitivo, o que está em jogo é a elaboração da dor de existir como ônus de ser no mundo, na condição de sujeitos falantes, sexuados & mortais; tudo isso em ato, dentro da transferência.

Para todos os efeitos, o século XXI não é como o anterior. As mitologias da contemporaneidade apontam o funcionamento cerebral como causa de todas as condutas, decisões, preferências, aversões & taras. Ideologias à parte, os fenômenos humanos devem ser levados em consideração a partir de uma ótica complexa, tomando o psiquismo como base do caráter & estrutura da personalidade, junto com as contingências da história pessoal & as fantasmagorias individuais. Todas essas perspectivas, presentes desde as entrevistas & trabalhadas até o final da análise, foram chamadas por Freud de "séries complementárias", antecedente original dos registros de Lacan.

A clínica psicanalítica cumpre uma função exclusiva, tratando psicopatologias sem necessidade de remédios nem conselhos. Sua eficiência só pode ser testada *a posteriori*, pelos resultados. Conta, destarte, com mais de cem anos de casuística, ainda que a estatística de sucessos & fracassos não possa dar conta da singularidade de cada caso, único por definição. Os psicanalistas em exercício passaram pelo mesmo processo que professam, depois de comprovar em si mesmos os poderes da interpretação. Todos, um por um, evidenciam que a coisa freudiana é para valer.

A LITERATURA LACANIANA

A psicanálise ocupa, no conjunto das ciências humanas, um lugar relevante, por fornecer instrumentos conceituais úteis para todas elas. Em princípio & por princípio, fundamenta-se como uma práxis, o tratamento do real pelo simbólico; pragmaticamente, a resolução dos transtornos neuróticos através & por meio da fala. Prescindindo de remédios para obter a cura, a psicanálise explora o inconsciente pelas associações livres do paciente & as interpretações do analista, possibilitando uma clínica do singular. O método de investigação consiste em evidenciar a significação latente das criações imaginárias, manifestas em sonhos, fantasias, ficções & delírios. Para isso, é necessário decifrar os significantes em jogo, sem nenhuma forma pressuposta de significado, visando atingir a dimensão subjetiva dos dizeres & dos atos.

Logo, da prática resulta a teoria, como formalização das observações & especulações sobre o funcionamento do aparelho psíquico & suas peculiaridades individuais. A disciplina inaugurada por Sigmund Freud desdobra-se como metodologia terapêutica, nomenclatura clínica, técnica específica, sistema de pensamento & transmissão didática. A doutrina é enriquecida pelas contribuições dos seus seguidores, praticantes só depois de terem sido analisados. Nesta alçada situa-se a assim chamada *psicanálise pura*, em primeiro lugar, pela finalidade psicoterápica; ainda mais, quando o saldo de uma análise bem-sucedida é mais um analista.

Eficácia, casuística & elaboração intelectual consolidam um corpo de saber que pode ser instrumentado em outras áreas do conhecimento. A *psicanálise aplicada*, extrapolando os limites dos consultórios, adentra no espaço coletivo para confirmar postulados ou levantar questões sobre a psicologia das massas. Para tanto, considera que a cultura pode ser lida como um texto & escutada como um discurso, entrelinhas, para desvendar lógicas, reticências & linhas de fuga. Interrogando suas produções sem preconceitos, colocam-se em causa motivações & contradições, ideais & sintomas. A instrumentação do método analítico permite levantar hipóteses & efetuar diagnósticos concernentes à realidade da vida cotidiana na contemporaneidade, em sintonia com outras ciências conjecturais.

Quando se fala da *psicanálise em intenção*, trata-se do diálogo analítico enquanto experiência individual capaz de retificar a subjetividade pela análise dos fatos clínicos, seu intuito específico. Disso decorre uma teoria geral da atividade psíquica, denominada *metapsicologia*. Ao mesmo tempo, pela exportação de suas premissas & axiomas a outros territórios significantes, dissemina-se a *psicanálise em extensão*. As manifestações do inconsciente, presentes em todo & qualquer afazer humano, demandam ser interpretadas na complexidade das construções culturais de cada época, no cruzamento interdisciplinar dos discursos que determinam os laços sociais. Não há disjunção entre a intenção & a extensão, perspectivas convergentes na procura do saber não sabido & da verdade para além das aparências.

* * *

O ensino de Lacan, na persistência ininterrupta de décadas, foi eminentemente oral, no exercício público da lábia & lavra no seu seminário. Suas performances foram gravadas & desgravadas; estabelecidas & pirateadas de uma maneira ou de outra, possíveis de se fazer presentes agora como nunca antes. Também escreveu, para seus contemporâneos & para a posteridade. A acessibilidade atual se serve do registro virtual para disponibilizar tudo aquilo que gerações de lacanianos prévios careceram. Ainda mais, com buscadores digitais que permitem achar o que o mestre disse no contexto exato do dito! No entanto, tanta precisão não evita que as referências, tão ao alcance dos dedos, se misturem num emaranhado de cronologias, capas geológicas & safras que nem o índice racional de Miller — no final dos *Escritos* — consegue acompanhar.

Então, seria o caso de ler os seminários & artigos cronologicamente, acompanhando o *working progress* da sistematização do pensamento? Ou, pelo contrário, a partir do encerramento, na certeza de que o "último Lacan" teria resolvido melhor tudo o anterior, determinando assim a versão *après-coup* como a mais *up-to-date, le dernier cri, the final cut...* Certamente, de carne & de intelecto somos feitos, de antecipações & retroações; daí que todas as leituras possam ser válidas, desde que mantida a "ordem das razões" & a preservação dialética do superado. Com efeito, em todos os casos, por mais que a coerência lhe seja intrínseca, o discurso lacaniano decorre da interpelação sistemática daquilo que Freud disse sobre a psicanálise, enquanto prática clínica & formalização teórica.

O *retorno a Freud* não foi apenas uma época épica da história psicanalítica, quando a "reconquista do campo freudiano" teria sido louvada em vitoriosas batalhas contra o imaginário, pela supremacia do simbólico. Tampouco, a "clínica do real", como resultante definitiva da orientação oficializada. Não há uma coisa (freudiana) sem a outra (lacaniana). Numa viagem derradeira, o ancião analista visitou a América do Sul, só para nos chamar de *lacanoamericanos*, seus verdadeiros leitores, transferidos somente às letras do seu dizer, isentos por não ter tido o efeito ofuscante de sua presença ao vivo. Sem dúvida, como terceiro-mundistas, honramos tamanha alcunha...

Em cada mês de setembro, são lembrados os passes & passamentos dos grandes: Sigmund Freud, Melanie Klein, Durval Marcondes, Oscar Masotta, Jacques Lacan... Mais de quatro décadas depois, pelo menos no Brasil, o legado deste último está mais vivo do que nunca, graças a uma política editorial de responsa. Com laudável cuidado & celeridade, publica-se logo por aqui o que é lançado acolá. Bem-vindo seja o lacanismo *bem dito* no vernáculo! Cada "novo" seminário editado é a alegria da turma, acrescentando *another brick in the wall*. Nada de novo: antes também era assim, com menor oferta de material, lacunar, xerocado, apócrifo. Sempre foi inevitável não apenas cegar os pontos cegos, como integrar, numa síntese pessoal, o estudo dos textos havidos, faltantes & por haver. Mas nunca houve falta de bússola, com as obras completas de Freud fornecendo a base & o norte de toda & qualquer leitura...

Nesta época histórica, rica em distorções culturais, é salutar que, nestas bandas, tanto os textos freudianos quanto os lacanianos sejam bem traduzidos & atualizados para benefício dos interessados; em princípio, os praticantes & aqueles leitores leigos que acompanham a lógica dos conceitos, até certo ponto, convergentes. Se, num primeiro momento, a avalanche de publicações pode derivar em confusões epistemológicas, é de esperar uma decantação do discurso psicanalítico, já que a experiência clínica, em definitivo, é o parâmetro que permite calibrar tanta exuberância teórica.

TRANSMISSÃO DA CLÍNICA

SOBRE O DESEJO DE FREUD

O laço social proposto pela psicanálise na cultura contemporânea ainda é bastante recente na história da Humanidade; todavia, sua persistência & disseminação testemunham o sucesso, tanto do seu inventor quanto dos seus discípulos & oficiantes. Nos primórdios, no seu esplêndido isolamento vienense, a prática clínica & teórica de Sigmund Freud era indissociável da sua ambição, ideais & paixões, junto com a suma dos seus valores & preconceitos pessoais. A incógnita sobre seu desejo já foi objeto de inúmeras elucubrações & diagnósticos aplicados *in absentia*. Por ter sido desbravador & primogênito em sua espécie, ele não passou pela iniciação no divã. Teria sido este, segundo Lacan, o pecado original da psicanálise, cuja consequência paradoxal, porém legítima, é a regra que exige que todo analista tenha sido antes paciente. A eficácia desse axioma opera, de fato, a partir de uma exceção fundante, exequível em se tratando do Pai enquanto Uno, fora da castração, genitor & gerador da série. Tal *extimidade* fundante deixa como herança a obediência retrospectiva, comprometendo seus seguidores na obrigação óbvia de serem analisados antes.

SOBRE O DESEJO DO ANALISTA

Para além de qualquer psicologismo ou biografismo, Lacan promoveu o *desejo do analista*, enquanto categoria conceitual, para inferir, aferir & conferir o papel dessa incidência na dinâmica do tratamento. A interrogação sobre o particular tem de ser considerada como a mais insistente das indagações lacanianas, apontando as consequências pragmáticas de uma análise, assim como a ética que a sustenta. Com efeito, o que quer um analista? Ou melhor: o que poderia & o que deve querer. Como devotado continuador da experiência de Freud, quais seriam as causas & as finalidades de sua atividade profissional?

SOBRE O DESEJO DO OUTRO

A existência prévia do discurso analítico no horizonte da subjetividade da época é a condição da transferência. O sujeito suposto saber, ficção presente desde o início do processo, dispara a associação livre, mas é o desejo do analista, anterior à instalação do dispositivo da cura, o verdadeiro motor desta, pois norteia, enigmaticamente, sua direção. Trata-se, em princípio, de um "x" inescrutável para o paciente, propiciado pelo silêncio de quem está ali disposto a escutar. *"O que ele quer de mim?"*, pergunta-se o primeiro; por essa razão, por não saber, ele fala. O interlocutor silente, por sua vez, sabe que a sua presença é o requisito da análise & que, no percurso desta, poderá se situar na posição de ideal, próximo da sugestão, com poder alienante, ou no lugar da causa, propiciando a abertura do inconsciente & a produção discursiva.

No delicado vaivém dessas duas alternativas, ambas oportunas, o analista desempenha a sua tarefa, tentando sempre manter uma neutralidade adequada às circunstâncias. Seu desejo, na abstinência, deve ficar no equilíbrio instável entre sua própria intencionalidade & o desejo do Outro. Nessa aporia, aparentemente, seriam diluídos os contornos idiossincráticos de cada oficiante, favorecendo o desenvolvimento da função, impessoal & eficiente, da escuta flutuante.

Se assim fosse, nada melhor, para representar essa constância, que o conhecido quadro de René Magritte, no qual por baixo de um chapéu, uma capa preta & uma gaiola anônimas, não há traço nenhum que identifique o analista enquanto pessoa. Contudo, há de se considerar que inexiste "O Analista", como universal. A pluralidade deles & das escolas psicanalíticas é a prova da impossibilidade de agrupá-los num conjunto homogêneo & abstrato, sem contradições.

SOBRE O DESEJO DE SER ANALISTA

O que foi que Freud achou que as histéricas queriam, para decidir lhes oferecer um analista? Porém, era isso o que ele queria para si? Por que razão alguém poderia querer ser psicanalista? O que sobredetermina um anseio dessa índole, comprometedor o suficiente para ser considerado um sintoma? Por que, para algumas pessoas, a psicanálise acaba sendo um ofício vital? Como destino existencial, seria da ordem da fatalidade ou da contingência?

Para tantas perguntas, correspondem tantas respostas quantos sujeitos em jogo. Entretanto & para além das motivações íntimas & prescrições individuais, o lugar do analista independe & preexiste aos que pretendem ocupá-lo. Para fazer parte da estrutura do discurso analítico, seu acesso impõe uma sequência de provações & engajamentos para os eventuais interessados. Ser psicanalista implica, entre outras coisas, uma particular relação com o saber, isto é, com o desejo de saber sobre o desejo dos outros. Quem se autoriza a escutar a vida alheia deve saber, pelo menos, que algo específico do seu próprio desejo coloca-se em questão em tal atitude, pois nenhuma pulsão epistemofílica obriga ninguém a querer conhecer o Outro através dos outros...

Nem vocação nem destino: chegar a ser psicanalista talvez seja uma solução de compromisso que, junto com a satisfação da curiosidade, instaura simultaneamente uma dívida simbólica, para cada praticante, com a iniciativa freudiana. Por essa razão, a tradição por ele deflagrada o considera o único desvio admissível; enquanto isso, para todos & para todo o sempre, a vivência da análise pessoal é situada como um imperativo categórico de caráter absoluto. Ela é o eixo que condiciona a formação, o espaço onde os votos são avaliados à luz da interpretação, onde é legítimo chamar de didático um percurso, *a posteriori*, se o resultado for mais um no ofício.

O INCONSCIENTE COMO LAÇO SOCIAL

De maneira esquemática, afirma-se que, assim como a formação dos analistas acontece em três lugares diferentes, também seria possível escandir o procedimento em três esferas específicas, pois, dependendo de cada tempo & espaço, haveria três tipos de alteridade em andamento. Lógica & cronologicamente, o percurso por todas essas instâncias, com suas alternativas & requisitos, ganha consistência na medida em que nenhuma dessas etapas pode ser evitada ou negligenciada.

Lugares: Em destaque, fundamental em todos os sentidos, a *análise pessoal*. Como já foi dito, é o local privilegiado da experiência da transferência & do inconsciente em ação. Questiona-se aqui o dizer, em todas as suas manifestações, pela mediação do analista, figura que apresenta a diferença radical a seu cargo. Aqui, de fato, a alteridade tem de ser pensada como a relação entre o sujeito & seu inconsciente, possibilitada por um semblante que funciona como o lugar-tenente da pergunta sobre a causa do desejo.

Toda análise tem, tirante sua duração extensa, um começo & um fim, pois seria inconcebível que fosse eterna. Daí que, a partir da sua resolução, abandona-se em definitivo a posição de paciente, podendo aceder a outra dimensão subjetiva, distante de qualquer passividade.

O segundo lugar é ocupado pelo *estudo da teoria psicanalítica*. Nesse contexto, os escritos magistrais funcionam como alteridade simbólica; o aprendizado não é uma lição a ser decorada, dado que constantemente o valor dos textos é checado pela prática & pela análise. Na sua extensão temporal, o estudo pode ser considerado como não tendo nunca um ponto-final, sempre em perpétua atualização.

No terceiro lugar, encontra-se a *supervisão*. O analista iniciante depara-se com uma dupla alteridade: por um lado, o confronto com um colega mais experiente que, na qualidade de locutor sapiente, interroga sua escuta desde o saber que lhe é atribuído. Quem primeiro escutou deve depois falar; nessa virada muda a perspectiva do praticante. A supervisão costuma ter uma duração limitada, necessária nos primórdios da prática clínica, tornando-se mais tarde, em certa medida, prescindível, mas não descartável, sempre retomável, mesmo que esporadicamente.

Tempos: O primeiro tempo recebe a denominação genérica de *formação*, compreendendo a análise, o estudo & a supervisão como elementos de um mesmo agenciamento, direcionado a sustentar a função da escuta. Além de todas as alteridades que regem cada uma dessas perspectivas, seu denominador comum é o analista enquanto sujeito, pois tudo fica sob a sua inteira responsabilidade. Até certo ponto, esse tempo é originário, em termos lógicos & não apenas cronológicos, antecedendo os demais. Por isso mesmo, como a formação não tem um prazo para se concluir, pode ser considerada infinita, *unendliche*, eterna enquanto a vida durar...

O segundo tempo refere-se à *autorização*. Quando é que alguém poderia se considerar analista? Classicamente, essa incerteza era resolvida nos marcos burocratizados da garantia do exercício profissional daqueles que tivessem cumprido com as exigências regulamentares. A partir do ensino de Lacan, a proposição de "o analista só se autorizar dele mesmo", deixa claro que, independente do alvará que possa ser dado por uma instituição, há um trabalho íntimo, singular & intransferível, que compete exclusivamente a cada interessado, na procura da sua verdade na solidão do seu tratamento analítico.

Vir-a-ser analista, como culminação de um longo persistir, exige uma passagem (uma guinada?) de 180 graus, mas também um ato de afirmação, uma aposta antecipada que deverá ser bancada pela seriedade de um compromisso decidido, tanto ético quanto técnico.

Seria preciso considerar um terceiro tempo, coincidente & posterior, em que alguém só é analista porque algum outro o aceita como tal: o processo do *reconhecimento*. Para além da convicção do próprio interessado, ser confirmado naquele lugar depende menos dele que de todos os participantes do espaço social. Nesse ponto, as instituições psicanalíticas podem funcionar como aval, mas, em última instância, o crédito vem daquelas pessoas que assim o consideram merecedor. O exemplo concreto disso é quando um iniciante recebe um pedido de análise, encaminhado por um terceiro que o indicou. Nesse circuito, que começa com alguém testemunhando em favor do analista, a questão da alteridade se completa com o veredicto daquele que vai ser o paciente: a suposta credibilidade do praticante vale enquanto o distinto se mostrar à altura do desempenho que dele se espera.

O NÓ DA TRANSMISSÃO

A complexa formação do analista faz parte do conceito de inconsciente, questão aberta que, histórica & geograficamente, foi elaborada segundo diversas modalidades. Contudo, alguns eixos são vistos como inevitáveis pelas diferentes escolas decorrentes do tronco comum freudiano. A coincidência na necessidade da análise, do estudo & da supervisão indica que são esses os caminhos que os analistas devem aprender a percorrer, por anos a fio, de modo paciente, até o estágio em que, depois de terem apresentado as suas provas, possam, finalmente, acertar as contas com Freud.

REFERÊNCIAS BIBLIOGRÁFICAS

FREUD, Sigmund. "El psicoanálisis salvaje" (1910).
_____. "El psicoanálisis profano" (1926).
_____. "Análisis terminable e interminable" (1937), in: *Obras completas*. Madri: Biblioteca Nueva, 1970.
LACAN, Jacques. "El psicoanálisis y su enseñanza" (1957), in: *Escritos*. México: Siglo XXI, 1971.
_____. "Proposición del 9 de outubre de 1967 sobre el psicoanalista de la Escuela", *Ornicar?*, Guajira, México, n. 4, 1985.
_____. "Apertura de la Sección Clínica" (1977), *Cuadernos de Psicoanálisis*, Altazor, Buenos Aires, n. 1, 1980.

A AUTORIZAÇÃO DO ANALISTA

"L'analyste ne s'autorise que de lui-même." A tradução dessa frase para o português é o primeiro aspecto a ser considerado, pois autores autóctones a verteram para o vernáculo em versões variadas; cada uma delas, para além das nuanças de precisão & retórica, acaba fornecendo alterações significativas que seria interessante observar em detalhe em outra oportunidade. São algumas delas: *"O analista só se autoriza dele mesmo"*; *"O analista autoriza-se somente por si mesmo"*; *"O analista não se autoriza a não ser de si mesmo"*.

Antes de mais nada, a frase teria de ser situada no contexto histórico da sua formulação, para poder aferir o seu poder, inicialmente relativo. Ejetado da Associação Psicanalítica Internacional (IPA), fatalidade & vontade levaram Jacques Lacan à colocação da pedra basal de uma associação que em tudo responderia aos seus critérios; só ali, naquele território, teve condições de firmar tal posição, impensável na instituição oficial pretérita. Com efeito, lá era necessário seguir os padrões rígidos de uma carreira estereotipada, para que depois de muito tempo, suor & submissão, alguém permitisse a um sujeito bem-intencionado se denominar psicanalista. "Alguém", na encarnação do Outro inapelável segundo as instâncias consagradas, determinaria não apenas o direito, como também o desejo de um eventual candidato ao desempenho remunerado da escuta flutuante.

Assim, a autorização, nesse âmbito, teria que ser demandada de maneira formal, para depois ser avaliado o seu mecanismo: se o solicitante tivesse feito boa letra, ganharia o alvará como justificativa perante a sociedade. Em suma, um processo topológico de alienação, pouco coerente com a independência que se espera de um analista, obviamente um cidadão cujas subordinações aos desígnios de outrem já deveriam ter sido elaboradas a contento.

Lacan levou a pendência numa outra direção. De cara, especificou o problema: Quem autoriza? O que significa autorizar? Como entender o prefixo desse verbo – *auto* – na dialética entre o sujeito & o Outro?

Nem autonomia ilusória do eu, na ficção narcísica de ser o único dono do seu destino, nem a onipotência de um saber absoluto suposto aos que carregassem as insígnias tradicionais; a aposta prima pelo compromisso de quem leva o seu desejo a sério, a ser definido, especificamente, na alçada da análise. A seguir então, a solução, procurada no percurso subjetivo da experiência do divã. A passagem do lugar do analisante para o do analista decorre daquele que, uma vez atravessado o seu fantasma, assume para si a causa do inconsciente.

Essa é a passagem propriamente dita, específica & exclusiva para cada interessado, que convém não confundir com outro passe, o mecanismo interpessoal que Lacan inventara para pôr seu movimento em ato. Voltemos à perspectiva épica. Uma vez fundada a Escola Freudiana de Paris, nos seus primeiros anos sofreu o abalo provocado pela implantação de um modelo de organização que, ao mesmo tempo, solidificava seus alicerces, mas também precipitava uma dissidência.

A frase que estamos comentando aparece explícita na versão definitiva da "Proposição de 9 de outubro de 1967", referenciada aos textos originais que fundamentavam a Escola. A instauração dessa proposta acarretou a saída dos analistas que, de imediato, se denominaram de Quarto Grupo, na dedicação ao exercício de um "lacanismo sem Lacan". A polêmica sobre o passe foi o pomo dessa discórdia; o assunto em pauta, contudo, nunca foi ponto pacífico, pois suas repercussões se fizeram sentir uma década mais tarde, contribuindo para o impasse que levaria à dissolução da entidade lacaniana.

A posteriori, Lacan repetiria, por exemplo, em 1972, no seminário XXI, "Les non-dupes errent", que o analista se autoriza de si mesmo, acrescentando, *"por alguns outros"*. Ou seja, fazia a distinção entre a autorização, como já foi dito, por única conta & risco do usuário, & o reconhecimento mais a garantia, evidentes pluralidades de opinião. Os *Analistas da Escola* (AE), frutos do passe & os *Analistas Membros da Escola*

(AME), aqueles que realizaram suas provas, derivam a sua significação da égide institucional. Os *analistas praticantes*, porém, são os que desse jeito se apresentam se lhes aprouver, na estrita condição de assim o querer, mantendo uma dedicação clínica condizente, na independência das suas aplicações.

* * *

A autorização do analista não depende senão do seu inconsciente, do seu desejo, do seu fantasma etc. A questão termina por ser metapsicológica, não apenas burocrática. Isso equivale a dizer que não existe Outro do Outro, pois a análise deveria ser um aval de formação suficiente; se resulta num novo analista como saldo, *aprés-coup* poderia ser qualificada, de jus, como didática. Em poucas palavras, este seria o espírito da *coisa lacaniana*, a essência da transmissão psicanalítica, segundo seu estilo.

Todavia, do que perdura de pura, só aposta de Lacan ao pior... Sim, porque em priscas eras & ainda hoje, a multiplicação dos analistas nunca deixou de ser o calcanhar de aquiles da psicanálise, seu ponto de fratura, o freudiano campo minado em que a teoria, na prática, tantas vezes é outra.

Muito tem se falado, nos últimos tempos, em relação ao *conceito de Escola*, a instituição como formalização. De fato, das experiências & das contraexperiências, dos textos & das discussões, seria possível estabelecer um argumento deontológico para formalizar a estrutura múltipla da conjunção daqueles que professam similar afeição pelo ensino de Lacan. Talvez fosse viável, desde que exequível, cunhar um *matema da Escola*, fazendo bom uso da álgebra rigorosa. No entanto, na hora fatídica de pôr efetivamente em andamento, nem sempre o construto abstrato coincide com a reles realidade. Nela, conjuntos humanos, agrupações & coletividades não raro se arrebanham segundo os protótipos dos grupos politicamente corretos, a Igreja & o Exercito. Os raciocínios da sociologia ou da psicologia social, então, seriam certamente úteis para descrever os fenômenos que acontecem quando as ideias viram estatutos & os propósitos inerentes são abafados pelas palavras de ordem.

Assim como na IPA, a inserção na comunidade solidifica, cristaliza & vira hierarquia. Na escola lacaniana, a tentativa de evitar que a padronização consiga sufocar o talento de cada um, sintomático & indômito, leva a promoção do *gradus* como antídoto. Fica clara a opção preferencial pelo varejo em detrimento do atacado, junto com a singularidade, para além da produção em série.

Apesar de tudo, nunca é demais lembrar que *rust never sleeps*... Numa tradução livre & analógica, o imaginário nunca dorme, corroendo, pelo viés do amor, do ódio, da ignorância & da obediência, as melhores intenções de liberdade & fraternidade. Por outro lado, se não pode ser esquivado que a igualdade seja resultado de uma identificação, pelo menos seria desejável que, entre pares & ímpares, fosse possível um convívio pluralista que respondesse à exigência, que é também um desafio, de funcionar num esquema isento das mazelas da psicologia das massas.

Por essa razão, em se tratando das delicadas relações entre aqueles que são analistas & seus analisandos, uns & outros membros da mesma agremiação, portanto colegas & ainda todos lacanianos, como é óbvio, enfim, todo o cuidado é pouco. Como manda o figurino, há regras de etiqueta que devem ser observadas, assim como cânones estéticos que permeiam uma sensibilidade comum. No entanto, por sobre todas as coisas, se não for respeitado o manejo ético da transferência, a lata de lixo da história poderia ser, com certeza, muito mais do que um destino pulsional, conspurcando ideais.

Analistas! Muito esforço para se autorizarem, cada um por si & Lacan por todos: no final das contas, foi graças a ele que a formação analítica deixou de ser uma mera conscrição de sócios, subordinados & submissos. Dito isso, só resta concluir apontando que, nesse particular, a *militância* lacaniana desempenharia a triste função de ser o avesso da psicanálise. Pois quem se autoriza de & por si próprio não precisa necessariamente virar *anarlista*, porém, coerente depois disso, como dar consentimento a um papel passivo no presépio dos premeditados privilégios? *Pas tout!*

OS SETE DISCURSOS CAPITAIS

Como aqueles que interrogam são os que souberam ler, mais de uma vez fui inquirido a partir de uma colocação do livro *Sedições*, de 2008. No capítulo "Ostras da sabedoria", na página 193, é afirmado, a partir de Lacan, que os discursos poderiam ser... *sete*! *Too much*! Todavia, nenhum misticismo nessa contabilidade que, por aunar quantidade & qualidade, talvez confunda, exigindo esclarecimentos.

Organizados em função da álgebra lacaniana & sua lógica, os "quatro discursos" apareceram na década de 1970 como uma novidade dupla: em primeiro lugar, Lacan, assim como outros mestres pensadores (Foucault, Greimas, Pécheux et al.), sincronicamente, também aludia à categoria de "discurso", porém, sem coincidir com os demais usuários contumazes. O termo já figurava nos seus escritos desde a época em que incorporara algumas ideias de Heidegger; nesse caso, a noção de Rede, a ser traduzida como *rede*, palavra imprescindível nos dias de hoje, mais do que ontem. Em segundo lugar, eles foram apresentados, com certo suspense tipo *working progress*, ao longo do seminário XVII, "O avesso da psicanálise", no número de quatro, assim nomeados: do Mestre; da Histeria; da Universidade; do Analista; este último, topológica & ideologicamente o anverso do inicial.

Os matemas são suas peças doutrinárias: S_1, o significante-mestre; S_2, o saber; a, o mais-gozar; mais o Sujeito barrado. Os lugares a serem ocupados: agente, outro, verdade, produção. A razão dos deslocamentos: os elementos rotam no sentido horário, enquanto os discursos o fazem no sentido contrário. Ainda, flechas & setas opostas apontam impotências & impossibilidades na simetria de um quadrado semiótico, com propriedades & funções exclusivas, solidárias & conflitantes. 4x4: tal para qual, ordem & progresso. Tamanha aparelhagem conceitual tem consistência & consequência, permitindo que a metapsicologia não ficasse apenas restrita às paredes dos consultórios; agora, a ser considerada alhures, no espaço social. Ao mesmo tempo, como esforço de formalização, a serviço de balizar os avanços do sistema de pensamento de Lacan naquela altura do campeonato, tanto do seu ensino quanto do século XX.

Aliás, dado que os ventos da História não poupam ninguém, os eventos de *maio de 68* interpelaram Lacan, questionado & respondendo à altura; rigoroso, mas sem perder a ternura nem o prumo. Poucos anos depois, em 1972, visitou a Itália, para entrar em contato com os lacanianos locais, dispostos a fundar, na península, uma Escola Freudiana. Entretanto, eram tempos de Brigate Rosse, guerrilha urbana & contestação. Na ocasião, enfrentando as circunstâncias & sintonizando com o ponto de vista da esquerda, pela primeira & quase única vez, destacou o *discurso capitalista*, jogando para a plateia. Marx Lust! De volta a casa, retomou os *"quadrípodes"*, sem incluir o quinto. Um dos motivos para isso: o capitalismo, para além do modo de produção, é a forma de vida mediada pelo dinheiro como condição do mundo interligado num liame obrigatório que não tem contrapartida, com a capacidade de englobar todos os destinos humanos. Esta é a distinção qualitativa que o coloca fora da série dos outros quatro, numa hierarquia êxtima, por ser uma montagem em curto-circuito. *Last but not least*, a velha piada do tijolo de cinco lados, que não cabe em nenhum costado...

O cânone formal da "teoria dos discursos" compreende os quatro iniciais, ainda que, historicamente, seja necessário desdobrar a alçada do poder, atualizada pelo capital, seu lastro real. Seriam, assim, "quatro mais um", circulando numa subordinação constitutiva. O "quarto de volta" do rodízio de posições deriva de uma prática tradicional: diariamente, nas adegas, as garrafas de champagne são giradas nove graus, para fermentar, evitando a sedimentação. Em outras palavras, por ser o movimento inevitável, a dinâmica leva à dialética: mesmo que quatro variem, há Um que é constante.

Nas articulações estruturais que confirmam a vinculação entre os seres falantes, cada discurso determina um laço social específico, cujo fim último, no caso do Mestre, Amo & Senhor, é sempre a imposição. Para a histeria, a insatisfação. Na universidade, a explicação. Na psicanálise, a interpretação. Até aqui, a vulgata lacaniana. Acrescentemos mais um par, pela intervenção, individual & coletiva, de um dos parâmetros fundamentais da contemporaneidade: a onipresença das mídias, nas funções de formatação da realidade consensual. Então, quando a ideologia dominante se locupleta com o saber exposto, o resultado é o *discurso competente*, cujo semblante costuma cristalizar na figura dos especialistas, autorizados & reconhecidos como aqueles que entendem do que estão falando. Tais "sujeitos que supostamente sabem" são os que, dando sentido & verossimilhança aos fatos, configuram & legitimam as versões oficiais, com o objetivo explícito de persuadir & padronizar as opiniões.

A voz do Estado se materializa na *propaganda*, a injunção de informações & exortações racionais que têm como objetivo a convicção & a obediência. Na iniciativa privada, *a publicidade*, por sua vez, mostra a cópula entre o imperativo do gozo & a histeria, oferecendo projeções & identificações desiderativas, no convite ao consumo mimético. Embora nem sempre os produtos cumpram com os ideais, todo tipo de truques & enfeites são utilizados para dourar as pílulas da felicidade prometida. Destarte, a sedução, como alma do negócio, não para nunca: modas & obsolescências criam vontades infinitas, mais do que necessidades imprescindíveis. Desde sempre, o desejo do Outro faz salivar...

O interesse em expandir a teoria lacaniana dos discursos convida a continuar pensando os inicialmente propostos, mas também suas hibridações & oportunismos, além da inclusão das contribuições de outros autores, nem todos analistas. Não por acaso, filósofos, sociólogos, políticos & até o papa são coincidentes nas críticas à alienação, considerada como a forma superior da dominação social. Cada vez mais, a lógica cultural do capitalismo tardio se vale de imagens & consignas, miragens & palavras de ordem, para tratar os sujeitos não como cidadãos senão como coisas.

REFERÊNCIAS BIBLIOGRÁFICAS

ALEMÁN, Jorge. *Para una izquierda lacaniana*. Buenos Aires: Grama, 2010.
BARNAYS, Edouard. *Propaganda*. Nova York: Thames & Hudson, 1928.
CESAROTTO, Oscar. *Sedições*. Iluminuras; São Paulo, 2008.
CHAUI, Marilena. *Cultura e democracia: O discurso competente e outras falas*. São Paulo: Cortez, 1980.
CHEMAMA, Roland. "Quelques réflexions sur la nevrose obsessionnelle à partir des 'quatre discours'", *Ornicar?* n. 3; Paris: 1975.
CLAVREUL, Jean. *A ordem médica*. São Paulo: Brasiliense, 1983.
DIAS MOREIRA PENNA, Lícia Mara. *Psicanálise e universidade: Há transmissão sem clínica?*. Belo Horizonte: Autêntica, 2003.
KEHL, Maria Rita. "A publicidade e o mestre do gozo", in: *Comunicação, Mídia e Consumo*, São Paulo, ESPM, v. 1, n. 2, 2004.
LACAN, Jacques. Seminário XVII: *O avesso da psicanálise*, Jorge Zahar Editor; Rio de Janeiro, 1992.
PINHEIRO GONÇALVES, Luiza Helena. *O discurso do capitalista: Uma montagem em curto-circuito*. São Paulo: Via Lettera, 2000.
RODRIGUEZ, Sergio. "El discurso capitalista", Revista *Psyche*, Buenos Aires, n. 22, 1988.
SILVEIRA, Paulo e DORAY, Bernardo. *Elementos para uma teoria marxista da subjetividade*. São Paulo: Vértice, 1989.

OS OLHOS SÃO OS GENITAIS DA PERCEPÇÃO

O cinema & a psicanálise, invenções que moldaram não somente o século XX como também hoje & mais ainda, correspondem a duas perspectivas distintas de abordagem da *Outra Cena*. No primeiro caso, enquanto sínteses, os filmes são produtos plenos, sonhos diurnos fabricados para a satisfação semiótica do espectador. No segundo, pela via da análise, o conteúdo manifesto pode ser desconstruído para deixar transparecer ideias latentes, simuladas & recalcadas. Partindo do fenômeno onírico como paradigma, as conexões entre esses campos discursivos incluem noções & conceitos de aproveitamento recíproco: percepção, alucinação, identificação, projeção, junto com a suspensão da descrença & a articulação do campo escópico próprio da linguagem cinematográfica.

Fantasias & delírios, pesadelos & desejos realizados: enquanto cultura massiva industrializada, a eficácia do cinema tem por finalidade cativar corações & mentes. O imaginário coletivo afeta, de forma inconsciente, os estilos de ser-no-mundo, ofertando padrões de comportamentos idealizados, sempre normativos. Desde o simulacro platônico, o psiquismo humano sucumbe ao império das imagens & ao fascínio da ficção, gozando com narrativas que fazem sentido. Qualquer produção audiovisual – som, imagem, movimento – é um *sistema textual*, no dizer de Christian Metz,[1] um concentrado de significações simultâneas que não permite a indiferença, atingindo todos os que assistem. Como saldo para cada indivíduo, suas preferências explícitas; para todos, porém, a mesma ideologia implícita, formatando a subjetividade, historicamente incompleta, da consciência da época.

[1] Christian Metz, *O significante imaginário*. Lisboa: Horizonte, 1980.

James Douglas Morrison (1943-1971), antes de se tornar rock star & xamã, graduou-se bacharel em cinematografia pela Universidade de Califórnia (UCLA). Seu destino de cantor o afastou das câmeras, mas nunca esqueceu sua vocação, sem chegar a realizar nenhum dos roteiros que redigira.[2] Também poeta, em 1969 publicou uma tiragem limitada do livro *The Lords*, uma coleção de observações & comentários sobre o cinema ou, melhor dizendo, sobre quem manipula a indústria cinematográfica: *os Amos, os Senhores...* Por trás das cenas & das telas, seriam os diretores & os produtores dos estúdios de Hollywood os patrões da *fábrica de sonhos*? Os donos da nossa imaginação?

Inspirado em Nietzsche, Morrison acreditava que os antigos deuses tinham sido destronados por novos ídolos, as imagens em movimento. Leitor de Platão, ele equiparava a sala de projeção com a caverna, para perguntar se a função daquele lugar era privilegiar a luz ou, pelo contrário, preservar as trevas, já que os espectadores, hipnotizados pelas fantasmagorias, não se incomodam que suas poltronas tenham correntes. O intuito do evento é mitigar o tédio & a dor de existir, satisfação substitutiva ou seu dinheiro jamais de volta. Pelo preço do ingresso, a vida fica em suspensão, o corpo imobiliza, os olhos devoram, a mente se diverte, a razão se entope: a plateia é um cardume alimentado com a mesma ração.

Mas não se abandona o princípio da realidade na sala escura, enquanto o princípio do prazer é o fim explícito da pulsão visual; tem um além, que não pode ser evitado, ainda que implícito. Citando:

» *O apelo do cinema está baseado no medo da morte.*
» *Os filmes são sequências de quadros mortos, animados por inseminação artificial.*
» *Os espectadores são calmos vampiros.*

Assim como a recepção é múltipla, uma só emissão é para todos. Uma única fonte luminosa espalha um campo visual amplo, porém

---

[2] James Douglas Morrison, *Love Her Madly*, roteiro filmado em 2000 por Ray Manzarek, tecladista dos Doors.

fictício. Enquanto as imagens ganham vida, os vivos perdem autonomia, escravizados pelo simulacro. Eles não vêm que são vistos vendo, vendidos à lógica do rebanho: *There is no business like show business; business, as always*! Entretanto, seria insuficiente pensar a alienação apenas pelo viés econômico, como afã de lucro. O capitalismo, a etapa superior da submissão humana, propõe & exige que todos sejam *servidores voluntários*, trabalhadores decididos merecedores de recreio, pois o show não pode parar. Na sociedade do espetáculo, os proprietários dos meios de comunicação administram o *mais-gozar*, absorvendo libido em troca de miragens, isto é, sentidos pasteurizados; vulgo, ideologia.

Mas Jim Morrison não era marxista. Sua visão paranoica decorria da lucidez de enxergar que a magia do cinema era comandada por mágicos & magos, ilusionistas & demagogos, mestres & gigolôs. Os verdadeiros vampiros seriam invisíveis. Atraindo a atenção & moldando o desejo coletivo, alimentando egos, a psicologia das massas se encanta com o fascínio dos ideais projetados em duas dimensões. Os líderes, aqueles que conduzem, ficam nas sombras, oferecendo sombras & faturando ilusões. Quem emite, se omite: dominando a ficção & segurando o status quo, determina-se o futuro.

Por haver *outra cena*, de fato, a existência do Outro parece cada vez mais consistente & verossímil. *The Lords appease us with images*. Despejam livros, revistas, concertos, galerias, shows, TV, cinema, na promoção do star system,[3] semblante de um discurso manifesto que molda a realidade com seus aparelhos do gozo. Embora não conste que Morrison conhecesse Lacan, suas intuições eram sincrônicas com o ensino deste último em Paris, na altura do seminário sobre o avesso da psicanálise.[4] Contudo, para se entender o cinema como sintoma da cultura, é necessário considerar que são vários os discursos implicados. No horizonte absolutista do discurso capitalista, o dinheiro é o Bem Supremo, a causa primeira & última de qualquer liame social. Compreende aqui os poderes

---

[3] Edgar Morin, *Las estrellas del cine*. Buenos Aires: Eudeba, 1964.
[4] Les Maîtres: No ano seguinte, no seu exílio francês, é improvável que Jim tenha frequentado o mesmo palco de Jack (*Seminário XVII* – 1969-1970), mas poderia tê-lo ouvido, de viva voz, pela radiofonia (07/06/1970 – O.R.T.F.) Vice & versa: Lacan assobiaria "Light my fire"?

do discurso do mestre, que impõe significantes imaginários para criar representações do mundo: *Westalschuung & Disneyworld. Last but not least*, a sedução do discurso histérico sustenta, pela paixão de querer saber sobre o desejo alheio, o moto perpétuo das vontades insatisfeitas, abastecido constantemente pelas novas identificações fornecidas pela indústria cultural, que não cessam de inscrever seus roteiros massivos nos inconscientes avulsos.

O ser passivo & o voyerismo ativo delegam nos atores & personagens as vidas vicárias que o espectador almejaria para si. O glamour das estrelas permite devaneios que compensam a monótona psicopatologia cotidiana da vida mansa. No campo do olhar, a fruição é sempre garantida, *o corpo fica completamente em função dos olhos, transformado num tronco que destaca apenas aquelas duas insaciáveis joias. Toda a energia & todas as sensações são injetadas no crânio, pulsante de sangue, provocando uma ereção mental.*

Calígula queria que a totalidade dos seus súditos coubesse numa única cabeça, para poder decepá-la de um golpe só. De todas as artes, o cinema aponta para o totalitarismo.[5]

***

Nos anos 1980, Gaius, posteriormente Calígula Cesar, quarto imperador romano (37-41 d.C.), ganhou sua biopic. A fita teria sido dirigida pelo italiano Tinto Brass, não fosse pela intervenção do boss: o produtor executivo norte-americano, também dono da revista *Penthouse*, achou a versão inicial morna demais. Para Bob Guccione, pouca sacanagem era bobagem; então, filmou cenas avulsas de penetrações, estupros & mutilações para temperar o destempero de um dos mais significativos exemplos registrados pela História da loucura no poder; de quebra, para ganhar publicidade & manter a *sociedade excitada*.[6] Foi um dos grandes escândalos cinematográficos do início daquela década. Baseado na narração dos historiadores Suetônio & Tácito, contemporâneos do

---

[5] James Douglas Morrison, *The Lords and the New Creatures*. Nova York: Simon & Schuster, 1970.
[6] Christoph Türcke, *Sociedade excitada: Filosofia da sensação*. Campinas: Editora Unicamp, 2010.

personagem, o visual foi enriquecido com cenas eróticas que provocaram intermináveis debates; o script foi originalmente redigido por Gore Vidal, que abominou o resultado final.

Malcolm McDowell interpretou Calígula, no eco da *Laranja Mecânica*; John Gielgud foi o nobre senador Nerva, suicidando-se magistralmente em uma banheira de mármore; Peter O'Toole transfigurou-se no corroído imperador Tibério, aos 77 anos. A produção de 17 milhões de dólares incluía um barco gigante, decorado com centenas de estátuas (o bordel imperial, onde Calígula empregava as mulheres & filhas dos senadores), além do seu estádio privado, um cenário do tamanho de três campos de futebol, que incorporava a famosa "máquina de matar", inventada pelo tirano para cortar as cabeças dos seus inimigos.[7]

* * *

Um filme é um artefato cultural complexo, tanto pela sua feitura, como trabalho coletivo, quanto pelo seu objetivo imediato, o beneplácito de público, isto é, o resultado das bilheterias. Pode ser considerado como uma produção do inconsciente; porém, de quem, quando o autor é plural? Não pode ser negada a presença de indivíduos que escrevem, atuam, filmam, agindo como equipe, assumindo a função autoral, que, todavia, não se confunde com o lugar do autor, precedido por um discurso que ordena, delimita & determina a autoria, jurídica & institucionalmente. Esta não se define pela atribuição espontânea de um nome ao produto, senão por meio de operações específicas & propositais; nem reenvia pura & simplesmente para uma pessoa real, podendo dar lugar a vários *eus* em simultâneo, a várias posições subjetivas que classes diferentes de indivíduos podem ocupar, perseguindo seus interesses.[8]

Conclusão: 'Eles existem! Dominam por trás das telas! Tinseltown, rebatizada como Hollywood, verdadeira fábrica de sonhos dirigidos, foi & será sempre uma sociedade anônima! Seus acionistas, hematófagos, nunca saem à luz do sol...

---

[7] Catálogo da V Mostra Internacional de Cinema, São Paulo, 1981.
[8] Michel Foucault, *O que é um ator?*. Lisboa: Vega, 1992.

JOYCE TO THE WORLD!

A ciência avança, para além da imaginação. A intuição, como um saber não sabido, porém operacional, leva à experimentação, *mother of invention*. Sofisticados laboratórios permitem feitos controlados, confirmações & surpresas. Quando uma nova partícula subatômica foi identificada, por diferença & exclusão de outras conhecidas, a alegria tomou conta dos cientistas, que logo tiveram de batizar tal descoberta. Entretanto, seria possível usar uma palavra já existente para batizar aquilo que antes nunca houve? Um deles matou a charada; melhor, vivificou-a! Propôs que a nomeação fosse *quark*, significante que nada & tudo poderia dizer, inexistente no vernáculo, mas não inédito, pois extraído de uma produção literária...

Para quem se aventurar na sua prosa profana, James Joyce forjou uma pedreira de diamantes dementes para serem desbravados no prazer do texto. Para os universitários, prometidos trezentos anos de orgasmos literários, nas disciplinas da desconstrução. Para os psicanalistas? Um mistério insolúvel, se a sua obra for considerada delirante & o seu autor, psicótico...

Muito pelo contrário do contrário, às avessas & de ponta-cabeça! Deveras, como diagnosticar um gênio? Daria para ignorar que a sua lavra lavrou a literatura ocidental, nunca mais a mesma depois dele? Derivada da psicanálise, pau a pau, a subjetividade moderna foi assim criada, ao mesmo tempo, pela associação livre & pelo *stream of consciouness*, aliados à invenção do cinema: a gramática da montagem audiovisual completou a herança do século XX, a nossa antiguidade clássica.

Foi, certamente, desde suas primeiras edições, um escritor concernido pela questão da *alíngua*, a possibilidade transfinita de diluir & recompor letras, sílabas & fonemas, na obtenção de novas configurações

& extralimitações. No plano pessoal, era sensível à aparição súbita de epifanias: experiências reveladoras & inefáveis de certas coisas vulgares nos seus matizes de nonsense; paradoxalmente, também plenas de significância, capazes de elevar o banal à dignidade do espírito, siderando a imaginação. Em outros termos, o inconsciente a céu aberto...

Joyce poderia ser considerado um caso patológico? Até que ponto seus escritos seriam autobiográficos ou pura ficção? Para a sua vida valer a pena, precisou dar valor à mesma com a sua pena; empreitada em que foi bem-sucedido, bastante para usufruir os louros ainda em vida. Foi o reconhecimento do Outro que o salvou do pior? Antes, a ousadia de pôr no papel uma construção linguística inusitada, mas não inaudita: seus leitores, mesmo destros na língua inglesa, se não forem irlandeses, talvez nunca consigam curtir à beça como estes. Com efeito, seus patrícios, partilhando o sotaque caraterístico, escutam seu texto de forma cabal & literal, pegando o lance pela fisicalidade do significante, cujo som enche de graça o sem sentido, levando à galhofa. Os neologismos, amálgamas & condensações ficam por completo fora da sensatez, dispensando & dilapidando explicações racionais. Como outros escritores da sua terra, Yeats, Elliot, Wilde, expandiu o idioma original para além-mares, pela mestria com a ressonância das palavras. As situações relatadas, epicamente familiares, tampouco deixaram seu público indiferente, apesar da retórica bizarra. *Never the less*, duplos sentidos ao quadrado ecoaram sempre a realidade sexual da comunicação humana, equívoca por natureza & culturalmente safada.

Entretanto, um personagem tão fora de série não passaria inadvertido para um notório psicanalista, Jacques Lacan. Um francês lendo Joyce? Até onde o Canal da Mancha permitir... Mas foi em solo gaulês que um colóquio internacional, em 1975, convocou tradutores, literatos, intelectuais & analistas para discorrer sobre o dito-cujo. A participação lacaniana deu-se oralmente & depois por escrito: no seu seminário, naquele ano dedicado ao sintoma, o convidado de honra foi *Joyce le Symptome*. A grafia diferente do termo indicava não ser o mesmo conceito, de início considerado freudianamente como solução de compromisso na neurose.

Agora, o santo homem (*saint-homme*) apontaria para uma complexidade maior, a loucura, não a desencadeada clinicamente, mas a evitada por algum artifício. Ninguém melhor do que Jim Joyce para pôr em evidência a saga de quem fez da escritura a sua fundação subjetiva, sem sucumbir à razão da sem razão, como diria Foucault. Mas não se tratava de fazer uma psicanálise aplicada; muito menos uma psicobiografia, senão tomar os escritos como verdade autoral, para além dos dados existenciais da pessoa.

Vinte anos antes, Lacan dedicara um ano do seu seminário ao tema das psicoses. Voltaria agora, pelo viés da *lituraterra*, ao assunto; nesse interim, desde a metade dos anos 1950, os progressos da psiquiatria química conseguiram que a loucura não mais se manifestasse de formas espontâneas, ao inibir a singularidade de cada historial nas estatísticas medicamentosas. Nessa altura do seu ensino, era importante para Lacan firmar & formalizar as bases teóricas da clínica com o uso da topologia dos nós como recurso para a transmissão. Os registros conceituais que dão conta das dimensões vividas pelos seres falantes – simbólico, imaginário & real –, amarrados do jeito certo, garantem a estabilidade psíquica, vulgo, a dita normalidade. No entanto, alguém pode parecer muito aprumado, até um dia desabar... Vice & versa: quem teria todas as condições para desestruturar, contudo & às vezes, consegue permanecer em pé... O caso de Joyce ilustra como uma estrutura psicótica poderia se manter estabilizada por meio de um mecanismo chamado de *suplência*: por analogia, um elemento extra, desde que disponível para enlaçar os registros à solta, obtendo assim uma tecelagem reparadora em função da sua eficácia.

Portanto, tudo aquilo que definiria Joyce como psicótico, mesmo sem nunca ter surtado, deve ser também avaliado nos termos dos seus feitos consagradores. Em primeiro lugar, ter libertado a literatura do espartilho do sentido, até então determinado por regras & prebendas conscientes & intencionais. Se, para Freud, a literatura era um tipo de sonho diurno de realização de desejos, o *Finnegan's Wake*, por sua vez, é o despertar da soneca do bom senso garantido. Na sua escrita, o que está em pauta é a matéria da letra, fazendo jogos de palavras fora do terreno aprazível dos chistes facilmente compreensíveis pelo interlocutor. Na confusão premeditada de línguas, pouco ou nada precisaria ser entendido pela via racional: Joyce escrevia realizando o simbólico, tirando a linguagem de seu campo específico, para deixar do sensato apenas algum vestígio, sempre como enigma. A função da sua arte seria o seu *sinthome*, o truque que lhe permitiu se desvencilhar do gozo condicionado apenas pela estreiteza mental que reduz a potencialidade de outros gozos, na restrição da língua & da censura superegóica.

Suas novelas & memórias anteriores ao *Ulysses* não previam a comoção que esse livro provocaria nos críticos & leitores avulsos. Mais ainda: todos eles seriam pegos de surpresa pela sua publicação seguinte, elevando a aposta até as fronteiras da significação. Mas nunca faltaram elogios & diatribes, acusações de ilegibilidade & malversação de recursos discursivos. Pouco importa: sobreviveu a si próprio. Melhor dizendo, conseguiu dar forma a um ego afastado do narcisismo, para sustentar seu modo de estar no mundo. O talento permitiu a fama fazer seu nome; depois, como *self-made man*, o reconhecimento merecido foi o suplemento que tornou consistentes a existência & a essência. Sabia que não seria esquecido pela posteridade; obra & biografia valendo menos pelo anedótico que pela letra. Em definitivo, como caso clínico, só poderia ser considerado como inclassificável...

Para finalizar, cabe um comentário extemporâneo: depois dos eventos citados, pelo avançado da idade & pela óbvia identificação com o traço do outro, o último Lacan nunca mais parou de fazer trocadilhos, criar neologismos, parapraxias & jogos verbais translinguísticos; enfim, foi assim a gozosa *jouissance joyceana* da terceira idade do Góngora da psicanálise...

CODA – *Chamber Music*

Diz a lenda, por ele próprio narrada, que o jovem James Joyce & um amigo costumavam frequentar uma viúva, de vez em quando. Levavam consigo seus primeiros poemas & algumas garrafas de cerveja. Todos bebiam & declamavam; os rapazes contavam piadas & a senhora ria, mais

& mais. Num certo momento, ela pedia licença para se deslocar detrás de um biombo, incapaz de se segurar. Então, acontecia o barulhinho bom!

Música de câmara: assim foi titulado seu livro de poesias. O regozijo da pulsão, o efeito da linguagem no corpo, verve & inefável fruição.

[...]

O medo pode fazer as pessoas se borrarem. Um perigo real torna até o mais valente criança outra vez. Fora do princípio do prazer, *shit happens* para todos os mamíferos, *disgusting...*

Em outro contexto, alguém conta uma piada. Quem escuta, pode rir. Ou não. O sucesso depende do resultado, do riso, daquilo que se pretende & espera. Quando dá certo, todos dão risadas, incluso quem contou. A piada pode ser boa, muito boa & aquele que conta, carismático; todos riem. Inclusive, várias pessoas rindo ao mesmo tempo produzem a sinergia que contagia mutuamente as gargalhadas. Alguns poderão soluçar, de tanto rir; alguém, no extremo, poderia fazer xixi nas calças, por assim dizer...

Apenas a nossa espécie, mamífera & *papífera*, se diverte com gracejos, jogos de palavras, ditos espirituosos, anedotas, tiradas & *stand ups*. A falação faz cócegas & a criatividade nos excita; por final, o sentido satisfaz a nossa libido.

Significantes & significados... Tudo o que é humano nos é alheio, começando pela língua, para falar & lamber, com as reações do corpo por conta do usuário. Para entender como & por que a palavra faz gozar, foi inventada a *Semiótica Psicanalítica*, que tem como objeto de estudo as consequências psíquicas & as paixões somáticas dos signos culturais. Corolário:

O MINISTÉRIO DO INCONSCIENTE RECOMENDA:
RIR É O MELHOR DIURÉTICO!

A REALIDADE ONÍRICA

Os sonhos nunca mais foram os mesmos... *depois de Freud*! Nos estertores do milênio terminado, outro centenário de anos separa do início daquilo que deve ser considerado uma das mais importantes odisseias do espírito, agora tão familiar como outrora surpreendente. Atualmente, pode-se dizer que o *novecento* foi, sem dúvida, uma época freudiana; porém, não havia certeza alguma que permitisse prever até que ponto o século anterior seria permeado, moldado & transfigurado pela descoberta do inconsciente. Por extensão, no atual, continua se expandindo o *big bang* psicanalítico.

Antes, numa cama imperial de uma habitação burguesa da *belle époque* vienense, Sigismund dormia; para além dos roncos, bocejos & poluções, também sonhava, igual ao mais comum dos sonhadores, todos nós, habitantes da palavra, da carnalidade & da finitude. No dia seguinte, talvez lembrasse alguma coisa da vivência noturna; em todo caso, o pouco que conseguia rememorar não lhe resultava indiferente nem o deixava impassível. Como tantos outros, antes & depois, tinha a intuição que, mesmo sem entender muito, algo nele, durante o sonhar, lhe dizia respeito, ainda que de forma misteriosa & insensata.

Naqueles tempos, o discurso competente dos saberes positivos, científicos & universitários consideravam o fenômeno do sonhar como subproduto da atividade cerebral no estado de repouso. No entanto, um paradoxo era percebido, mas sem lhe atribuir quase nenhum relevo: o corpo, sedente, precisando de descanso, permaneceria imobilizado por algumas horas; enquanto isso, a mente continuaria funcionando, ainda que por inércia... Mesmo assim & sem o controle racional da volição, provocava imagens & sensações sem lógica nem coerência, carentes de qualquer nexo. Ideologicamente, tanto a

Medicina quanto a incipiente Psicologia eram coincidentes na depreciação da produção onírica.

A discussão da importância epistemológica, desdobrada ao longo de duas perspectivas convergentes, despertava para uma clínica diferente. Em primeiro lugar, havia um desafio operacional para *Doktor* Freud. Desde os começos de sua profissão, defrontou-se com a histeria, entidade patológica que não apenas o confrontou com uma frequente impotência profissional, como também o obrigou a apurar uma terapêutica inédita para evitar contínuos fracassos. Tratava-se dos primórdios da análise; o marco inaugural, tanto de uma escuta inaudita quanto de uma procura etiológica insólita, tendo a sexualidade na mira, como hipotética causa certa das neuroses.

Momentos heroicos, quando tudo estava em questão, a começar pelas insuficiências dos tratamentos tradicionais. As figuras de Charcot, Breuer & Fliess eram os vultos com os quais a transferência de Freud dialogava, na persistência dos seus esforços. A certa altura dos acontecimentos, suspeitava que os sintomas fossem efeitos de traumas, quase sempre vividos na infância; ainda por cima, de nítido conteúdo erótico. Mais: adultos mal-intencionados seriam os responsáveis pelo abuso dos vulneráveis, deixando marcas indeléveis na alma dos futuros sujeitos histéricos.

A *teoria da sedução*, célere formulada, presto foi abandonada, quando ficou evidente que nem sempre os relatos dos pacientes poderiam ser confiáveis ou verossímeis. Assim, as primeiras noções de *realidade psíquica* & de *fantasia* foram os saldos favoráveis a partir do abandono das ideias prévias. Contudo, Freud não deixou de ouvir o que as histéricas lhe contavam, em especial seus sonhos. Considerando esse material significativo para a resolução do enigma da patologia, o que antes seria desprezado foi elevado à categoria de imprescindível direcionamento para a cura. Seria possível apontar, aqui, um deslizamento que ilustra, de maneira concisa, esse período da gesta freudiana: do *trauma* (*choque*, em grego) ao *traum* (*sonho*, em alemão), na busca ininterrupta da etiologia das neuroses, o significante abriu veredas.

***

Em segundo lugar, estava em jogo o próprio Freud, sua verdade & seu destino. Por isso, além de prestar atenção nos sonhos dos outros, ficou também pacientemente atento aos seus. Esse capítulo, tanto da sua história quanto do movimento psicanalítico, convencionou-se em chamar de *autoanálise*. A soma de todas essas tentativas, conjecturas, constatações & inferências desembocou, no fim do século XIX, na redação & posterior publicação da *Interpretação dos sonhos*, obra-prima de uma nova & específica disciplina de aplicação prática & cunho científico, a Psicanálise.

Naquele livro, Freud postulou inúmeros assuntos, todos de relevante envergadura: os sonhos não são descartes rejeitáveis do psiquismo; podem parecer ininteligíveis, mas têm sentido, após interpretação; o simbolismo pelo qual são construídos é o mesmo da poesia & dos hieróglifos, ou seja, retórica da melhor qualidade; há uma lógica, tanto na feitura do *conteúdo manifesto* quanto na ocultação do *conteúdo latente*. De fato, ambos teriam uma utilidade, a preservação do dormir; para tanto, realizam desejos: esta seria sua função primordial. A resultante disso teve uma denominação, *inconsciente*, conceito fundamental & nome próprio da *outra cena*.

Neste ponto, convém fazer um rápido recenseamento da *coisa freudiana*. A realização de desejos é o âmago de tudo, o que poderá ser compreendido desde que seja bem definido o que se entende por *desejo*; obviamente também, *realização*.

No texto de Freud, onde quase a totalidade dos exemplos é constituída pelos sonhos do autor, nem sempre é possível achar uma absoluta uniformidade a respeito. Por vezes, o desejo que um sonho realiza tem a ver com o conforto de quem sonha; noutras, estaria em pauta uma vontade antiga, nada recente, apesar de analisada pelos restos diurnos; ainda, pode se tratar de um voto (*Wunsch*), uma expressão desiderativa que em algum momento foi formulada, mas nunca concretizada. Incluso, entraria na mesma alçada aquele tipo de intensões desde sempre &

para sempre inviáveis, como no caso das tendências & fantasmagorias edipianas, inibidas nos fins.

O campo freudiano do desejo dista muito de ser homogêneo, & a teoria psicanalítica precisou aguardar algumas décadas até que outro praticante, Jacques Lacan, a incrementasse com um panorama mais complexo, abrangente & minucioso. Como base, seu endosso de uma citação referencial, não só primordial como derradeira, do filósofo Espinosa: *O desejo é a essência do homem.*

Para concluir de maneira apropriada a homenagem que as centúrias devem ao mestre, à interpretação dos sonhos & ao processo primário em ação, lembremos mais uma vez um exemplo clássico. O sonhador — *Herr Doktor* Sigmund — deitou na cama já sentindo sede, a ponto de beber, antes de dormir, do copo d'água costumeiro, localizado no seu criado-mudo. Ainda sedento, de madrugada, sonhou que beberia do copo da sua esposa, posicionado do lado dela. Gentilmente, *Frau* Martha lhe oferece um vaso cinerário etrusco, oriundo da última viagem à Itália, ganhado de presente. Ali, então, o líquido contido estava tão salgado que, sem aplacar a sede, terminou por acordá-lo.

Muito bem: este parece ser o paradigma da categoria dos chamados *sonhos de comodidade,* onde a satisfação onírica de uma necessidade premente faz com que o dormente não precise acordar para resolver a urgência. Entretanto, teria sido apenas isso, sede tão só, sem nenhuma conotação outra? Como Freud nunca deitou num divã, jamais poderá se saber. Qualquer analista abelhudo, no entanto, desconfiaria daquele gostinho salgado de um recipiente de feminina procedência, oferecido à boca ávida de um sedento marido onirólogo...

Porque, no final das contas, mesmo que toda realização seja mediada pela deformação & a figuração, portanto deslocada & metaforizada, a realidade do inconsciente revela-se eterna & amoralmente sexual, como no caso acima citado, cuja interpretação profana poderia ser: *Freud dormiu no ponto G...*

Boa noite!

IMAGINÁRIO

O PARADIGMA ASSINTÓTICO

Psicanálise & semiótica são duas disciplinas que, conjugadas, deram lugar a uma linha de pesquisa original, cujos resultados incentivam, cada vez mais, o espírito científico. De fato, tal epistemologia decorre da lavra, da semeadura & da safra a ser obtida num campo híbrido, de óbvia natureza cognitiva, porém transgênica. Na interseção de dois discursos, o analítico & o universitário, convergindo num território epistêmico ainda indômito, aberto & propenso a inúmeros desafios, a *Semiótica Psicanalítica* é a polinização mútua dos mais diversos saberes, cuja idoneidade teórica, exequível o suficiente, permite que os signos culturais possam ser recolhidos & avaliados, a céu aberto, isentos dos preconceitos das restrições setoriais.

Desde o início, foi uma contingência necessária. A psicanálise talvez não precisasse da semiótica, mas a recíproca revelar-se-ia frutífera para ambas. No primeiro caso, a solidez de sua teoria & o aval de sua prática garantem certa suficiência. Contudo, ainda considerando que o inconsciente é a via régia da clínica, percebe-se que a sua potência não é restrita aos limites do recinto das consultas; então, a semiótica trouxe, na sua bagagem temática, como um dote bem-aceito, a autonomia operacional para agir extramuros. Em todas as situações, antes, durante & depois, a alçada da linguagem seria constituinte, sem nenhuma dúvida, da condição & da possibilidade de tal holding intelectual.

No entanto, apesar do solo comum das duas matérias, resta sempre o destaque não da coincidência de interesses, & sim dos aspectos decorrentes da incongruência das suas pretensões respectivas & de seus efeitos assintóticos, cruzando somente no infinito como paralelas eternas. Com maior precisão: a função no campo da palavra, aquilo que, nas entrelinhas, perturba a comunicação & sidera o falante, desloca seu querer & metaforiza seu gozo, faz toda a diferença.

Explicitando: o desejo, o patrimônio psicanalítico, é isso que a semiótica assimila, permeando as linguagens. Por causa deste, nas redes do discurso, nas malhas da retórica, na filigrana da letra, impera uma "confusão de línguas", no melhor estilo de Sándor Ferenczi, precursor indireto na sua intuição: a ciência dos signos compreende o equívoco.

Assim como a epistemologia deduzida da descoberta freudiana coloca em questão a definição positiva de ciência, a própria psicanálise reclama para si um status de cientificidade, até agora, discutível & indiscernível. O psiquismo descrito por Freud & a divisão do sujeito formalizada por Lacan aludem ao inconsciente pelo viés abstrato do conceito, enquanto seu aspecto mais concreto se baseia no ato analítico. Seus modos expressivos típicos, sonhos, sintomas, atos falhos, entre ouros, são dizeres insensatos, embora lógicos. Essas manifestações são provas de uma racionalidade eficiente, que se mostra através & por meio delas, de uma maneira tangencial ao controle volitivo. Trata-se, em definitivo, de um saber não sabido, absoluto, porém incompleto. Sendo assim, que tipo de ciência lhe daria acolhida?

As naturais? As sociais? As culturais? Aquelas matematizadas? Talvez as conjecturais? No impasse, a psicanálise mereceria a categoria de "ciência inexata", por ser *humana, demasiado humana*. Em princípio, mesmo derivada de uma práxis, isto não a impede de ser consistente para além de pragmática, graças ao seu teor doutrinário. Quando a elaboração da experiência decanta como saldo teórico, exemplos são incorporados, com as contribuições do repertório semiótico & suas modalidades expressivas.

Seguindo o ensino de Lacan, os registros de *Simbólico, Imaginário* & *Real*, os condicionantes inscritos nos seres dissentes, sensuais & fatais que somos, abrem um enorme leque de inferências & especulações. As conexões possíveis com a semiótica aplicada apontam para empreitadas inter & multidisciplinares, em que o predomínio da palavra, o fascínio da imagem & a "terra de ninguém" do não representável possam ser aferidos, conferidos & desferidos, analiticamente.

Tudo poderia ser signo, mas a falta radical que o referente faz ao significante determina que qualquer saber seja *não todo*. Destarte, na medida em que as formações do *Unbewusste* acabam criando caso, interpretações são demandadas...

OS 10 CATA-VENTOS

I. DECLARAÇÃO: A linguagem é a condição, tanto do inconsciente quanto da semiótica. Sua pluralidade abrange o visual & o sonoro, junto com o verbal, prioridade da psicanálise.

II. CAOS & PROGRESSO: A complexidade da realidade humana se presta para ser lida como texto (*manifesto*) & escutada como discurso (*latente*).

III. FERRAMENTAS: Os conceitos de *Simbólico*, *Imaginário* & *Real*, as três dimensões habitadas pelos seres falantes, sexuados & mortais permitem analisar simultaneamente a subjetividade & o mundo dos signos, nas suas implicações recíprocas, individuais & coletivas.

IV. SINERGIA: A semiótica incrementa a psicanálise com seu repertório de meios & linguagens; a psicanálise introduz na semiótica o inconsciente & a libido.

V. DEFINIÇÃO: *A Semiótica Psicanalítica estuda as consequências psíquicas dos signos culturais.*

VI. CONVERGÊNCIA: A Semiótica Psicanalítica é uma disciplina heurística que trabalha com hipóteses retroativas & conjecturas prospectivas. A *Clínica da Cultura* faz seus diagnósticos, por imagens & palavras, das ideologias da época.

VII. CAUSA: O bônus capitalista da civilização atual é o ônus da psicopatologia da vida cotidiana, aquém do princípio do prazer. O estilo de recalcamento do momento histórico & o retorno do reprimido, dialeticamente, colocam em xeque a ilusão de qualquer futuro.

VIII. CONSEQUÊNCIA: Os sintomas da cultura são as contradições da sociedade, seus impasses & soluções de compromisso, cujas manifestações & latências podem ser descritas, pesquisadas & interpretadas cientificamente, para além do sensato, do sensível & do sentido alienado.

IX. PREFERÊNCIA: As representações da sexualidade, suas imagens & metáforas, constituem um interesse específico da Semiótica Psicanalítica, por colocar em questão a significação do falo na contemporaneidade, um problema ao mesmo tempo semiótico & psicanalítico, epistemológico & amoral.

X. SLOGAN: *A semiótica entende o funcionamento sígnico da internet, mas só a psicanálise explica o porquê dos sites mais visitados serem os de sacanagem!*

* * *

Na história das ideias do Ocidente, uma nova forma de pensamento foi inaugurada, cento & tantos anos atrás, por Sigmund Freud, cuja prática terapêutica deu lugar ao estabelecimento de uma teoria geral do desenvolvimento psíquico. Decorrente desta, seu fundamento, o conceito de *inconsciente*, extrapolaria as fronteiras do discurso psicanalítico para ser levado em boa conta em outras áreas do conhecimento. Inconteste, o século

XX também foi pródigo em avanços científicos sobre o desempenho e as propriedades das funções superiores, isto é, da mente & suas finalidades. Agora, no terceiro milênio, cabe continuar a tarefa de completar & formalizar o que atualmente se sabe sobre tudo o que se passa pela cabeça.

De fato, não é pouco o que poderia ser acrescentado à iniciativa freudiana. A interpretação dos sonhos foi o marco de ruptura com as noções prévias sobre a psicologia dos processos oníricos, mas também a pedra basal de uma perspectiva inédita de pensar o homem e sua capacidade simbólica. Hoje, quando se postula que o inconsciente está organizado como uma linguagem, a tese concerne tanto à psicanálise quanto à semiótica. Válida em ambas alçadas, ainda resta bastante para ser elucidado, visando uma resultante paradigmática.

**

Nos tempos que correm, o acúmulo de informação acaba acarretando alguma confusão, tanto terminológica quanto disciplinar. Ora, em se tratando dos domínios da *psyché*, é frequente que sua atividade seja avaliada apenas em relação ao comportamento cerebral, sua referência tangível. Os diferentes saberes que disso se ocupam, como a psicologia, a psicanálise, a psiquiatria, a neurobiologia & as ciências cognitivas, raramente conseguem esquivar o mal-entendido, que costuma ser a regra da incongruência entre seus respectivos supostos.

Apesar disso, tais discursos arrogam para si verdades exatas, porém insuficientes. Todos têm algo para dizer, mas nenhum é exclusivamente idôneo para dar conta das múltiplas questões em jogo. Os impasses são de praxe, algo que torna as críticas sempre pertinentes. Algumas delas:

— A psicanálise, detentora de uma vasta teorização sobre a vida anímica, a *metapsicologia*, seria omissa & ignorante em relação a tudo o que tem a ver com o cérebro, suas localizações & potencialidades recentemente descobertas & comprovadas nas pesquisas dos laboratórios.

— As denominadas neurociências, por outro lado, capazes de progredir cada vez mais no mapeamento encefálico, nada querem nem podem saber sobre a subjetividade, o desejo, os ideais etc.

— Enquanto isso, o cognitivismo pretende estabelecer uma ponte entre cérebro & mente baseado numa analogia com a cibernética. Trata-se de uma linha de raciocínio muito interessante, embora deixe sem resolver a natureza da relação entre aquelas duas entidades, além de considerar a inteligência de forma abstrata demais, como se fosse imune aos afetos.

— Por fim, no caso da semiótica, a teoria geral da ação dos signos continua a demandar uma concepção coerente & consistente da categoria de *sujeito*, que possa fazer jus às suas construções analíticas.

* * *

Como a estrutura do psiquismo é altamente barroca, convém lançar mão de um arcabouço conceitual apto para coadunar os diferentes aspectos que participam nos atos decisivos e volitivos. Como a realidade dos seres que falam é composta de palavras, imagens & coisas, é necessária uma lógica heteróclita para entender sua interligação. Nesse particular, as articulações de Lacan sobre as três dimensões da experiência humana, *simbólico*, *imaginário* & *real*, se tornam imprescindíveis, confrontando os axiomas dos sistemas de saber antes mencionados a partir dessa perspectiva.

Assim, começando pelo *real* & considerando o substrato concreto do pensamento, deparamos com o cérebro. Nos últimos anos, os progressos do conhecimento científico organicista têm sido trombeteados alvissareiramente pelos discursos competentes; tantas contribuições não poderiam ser negligenciadas. As ciências cognitivas, por sua vez, tentam estabelecer a correlação entre o miolo & o computador, homologando o primeiro ao *hardware*, embora na máquina viva, essencialmente somática, o manejo da informação que lhe é pertinente aponte numa outra direção.

Continuando o paralelismo, haveria uma programação que facilita & ordena o conjunto das operações intelectuais. Seria a mente, assimilada ao *software*, possibilitando o processamento dos estímulos segundo as regras da codificação. Essa instância inscrever-se-ia no registro do *simbólico*, com todas as suas nuances & polissemias. *Hard brain, soft mind*:

essa equiparação pode ser inconsistente sem uma reflexão sobre a prática dialógica da linguagem humana, constituída por uma combinatória significante cujos efeitos de significação, isto é, de mensagem, são sempre equívocos, por depender das leis perfunctórias da retórica, das metáforas & das metonímias.

Na biologia, pelo contrário, a linguagem é concebida como um eco físico do corpo, como um fenômeno orgânico. Nas mensagens dos hormônios, das enzimas ou dos neurotransmissores, não há significância. Ultrapassado um limiar, é precipitado um sinal unívoco para o organismo que responde segundo a lei de "tudo ou nada". Mais ou menos; positivo ou negativo; ligado ou desligado: dessa alternância operacional, típica das engenhocas eletrônicas, deriva o modelo escolhido para explicar o funcionamento da matéria cinzenta. Tais mensagens, mesmo quando combinadas, nunca conseguiriam que o órgão modulasse suas respostas ou agisse de maneira diversa do previsto pelo código genético. Aqui começam as dificuldades.

As junções do cérebro & da mente, do processador & do programa, não passam de reles dualismos. Sob uma terminologia modernizada, reaparecem aqui as velhas dicotomias entre corpo & alma, soma & psique, carne & espírito. Outro escopo tem de ser cogitado, obedecendo a uma epistemologia que supere as insuficiências dessas variantes do maniqueísmo. Na vida cotidiana, o objeto técnico precisa, para funcionar, de um humanoide qualquer que aperte as teclas. Mais uma variável, perfazendo um *trio elétrico*: computador-programa-operador. Um mínimo de três termos associados, o terceiro identificável à condição que define a nossa espécie, demasiado humana, integrada por seres falíveis. O computador pode ser da última geração & os programas, os mais sofisticados, mas quando o usuário, de maneira inadvertida ou proposital, age de modo incerto, algo inesperado acontece, para nada certo.

No terceiro polo, correspondendo ao *imaginário*, encontra-se o ego & o narcisismo, junto com as crenças, tanto as pessoais quanto as coletivas. Nesse âmbito, o que está em pauta é o *sentido*: justamente aqui os enganos, as miragens & os preconceitos são possíveis. Completa-se a trindade: *hardware-software-beware*. *To be* & *not to be*: com o *ser*, *bios*, todo cuidado é pouco!

RSI: Correlacionando com os parâmetros lacanianos, o cérebro, a mente & o sentido, com seus âmbitos específicos, correlações & interferências, fazem parte da nossa materialidade concreta, flexível & imperfeita. Os falantes somos entes bastante complicados, racionalmente incompletos, sobejamente eróticos & assaz perecíveis. Berrar é humano!

* * *

Resumindo até aqui: na exigência cientificista de equacionar os diferentes pontos de vista, pretende-se ir além da óbvia incompatibilidade entre a serotonina, a cognição & as formações & representações da *outra cena*. A linguagem constitui o eixo de uma proposta de síntese. Seu embasamento são as características do signo linguístico, sem excluir o inconsciente. Então:

» o significante (*"que representa um sujeito para outro significante"*), no simbólico;
» o significado (que só faz sentido quando *"compreendido"* conscientemente), no imaginário;
» o referente (que seria impossível, porque *"profundamente perdido"*), no real.

Outras trilogias conceituais podem ser instrumentadas, como as categorias de *primeiridade, secundidade* & *terceiridade*, assim como as funções de *mathesis, mimesis* & *semiosis*. A estrutura da realidade humana é tridimensional: da articulação entre a matéria, a forma & a significação decorre a subjetividade, ainda que a amarração dos registros seja única & peculiar para cada um.

O aparelho psíquico, postulado por Freud faz tanto tempo, precisa de um *aggiornamento*. As variações da existência impõem a precisão de um pensamento transdisciplinar que não ignore as complexidades da constituição da subjetividade, seja em termos de adequação ou de sintoma. Portanto & por enquanto, o desafio-mor continua sempre o mesmo: evitar qualquer pendor metafísico ao escutar o inconsciente, sem cair na mitologia nem na fisiologia.

***

SEMIÓTICA PSICANALÍTICA SINTÉTICA

REGISTRO	DOMÍNIO	MATRIZ	SÍTIO	RAZÃO	SER
SIMBÓLICO	inconsciente	palavra	mente	saber	falante
IMAGINÁRIO	narcisismo	imagem	sentido	crença	sexuado
REAL	gozo	coisa	cérebro	conhecimento	mortal

A *topologia* se ocupa da articulação dos *registros*;
a *psicanálise*, dos *domínios*;
a *semiótica*, das *matrizes*;
a *neurociência*, dos *sítios*;
a *epistemologia*, das *razões*;
a *filosofia*, das *questões ontológicas*.

Nos filmes de Hollywood, há clichês consagrados; não por isso menos tolos: para deixar claro que um personagem é psicanalista, ele sempre será mostrado com um bloquinho na mão, anotando os dizeres dos pacientes, como se fosse óbvio que todos os praticantes tomassem nota enquanto escutam. Também, típico da cultura ianque, os profissionais da saúde mental são chamados genericamente de *shrinkheads*; com irônico carinho, apelidados de *shrinks*, *redutores de cabeças*, em especial, os psiquiatras. Poderia ser uma homenagem aos jíbaros, tribo originária da fronteira entre o Brasil & a Colômbia, famosa pela técnica de diminuir os cocurutos dos inimigos, após extermínio, só que não.

Por razões ideológicas, o paradigma oficial das últimas décadas tem apostado, mais que no equilíbrio do funcionamento encefálico, no fechamento das capacidades ainda não exploradas do psiquismo. Tal política de tratamento, pela limitação intrínseca do modelo, dista muito de apresentar os resultados positivos esperados. Mudança de perspectiva torna-se necessária, num curto prazo. Inter & transdisciplinar, um paradigma que unifique sem simplificar deveria levar em consideração todas as incidências apontadas, inevitavelmente presentes quando se trata da complexidade da nossa espécie, humana por natureza & artifício, sem bula nem manual do usuário.

SEMIÓTICA PSICANALÍTICA PARA CRIANÇAS DE 0-99 ANOS-LUZ

Perguntas, questões, curiosidades... *Che vuoi?* Qual é a sua? Resposta: A responsa de ter uma *pedra de toque* para explicar a quem quiser saber, de forma clara & imprecisa, o que realmente está em jogo na contemporaneidade. *A priori*, mesmo que a psicanálise seja bastante conhecida, o mundo ignora o que a semiótica seria; se fosse, ainda por cima, *psicanalítica*, Nossa!

A nossa semiótica considera os signos hegemônicos como determinantes da existência individual & social. No entanto, somos seres simbólicos, sujeitos à lei da linguagem, ainda que reféns das pulsões. Nas soluções de compromisso de cada falante, sexuado & mortal, transcorre a vida cotidiana, psicopatológica. No plano coletivo, conflitos & contradições que afetam a todos constituem a dimensão da *Clínica da Cultura*, o campo do gozo, o inconsciente a céu aberto.

Com a finalidade de pontificar alguns assuntos relevantes, achei por bem redigir a presente entrevista ficcional, estruturada a partir de demandas verdadeiras. Ao longo dos anos, são frequentes alguns temas sempre em pauta; rememorando & atualizando diálogos, debates & outras inquisições, dir-se-ia:

SC: *Semiótica & Psicanálise? Por que & para quê? Onde, quando & como?*

Nos anos 1980 as professoras Samira Chalhub & Lucia Santaella, da PUC-SP, começaram a estudar psicanálise – especificamente, a obra de Lacan – para compensar a ausência, nas teorias semióticas tradicionais, do lugar do sujeito, isto é, do inconsciente. Por motivos de nomenclatura, a linha de pesquisa foi denominada *Semiótica*

Psicanalítica, de forma conjuntiva, não por um termo qualificar o outro. As bagagens das linguagens que conformam o fenômeno humano expandem o saber psicanalítico, que contribui expondo os labirintos desiderativos da subjetividade.

ARS: *Freud tem cabimento?*

Pelas raízes, conheceras a árvore... A nossa bíblia laica, suas *Obras completas*, a pedra basal da viga mestra da laje onde hoje pisamos. Freud foi um semiótico *avant la lettre*, como prova a *Interpretação dos sonhos*, um autêntico tratado sobre signos & símbolos, mesmo sem dispor, na época, de uma teoria consistente sobre a função & o campo da palavra. Décadas depois, Lacan introduziria a linguística como discurso competente para dar conta do inconsciente estruturado segundo a linguagem. Entretanto, Freud continua imprescindível para as ciências humanas, por ser seu mentor-mor. Enquanto *Totem & tabu* especula sobre a origem da lei & da obediência, *Psicologia das massas* revela o poder de líderes & ideais no vértice da pirâmide da dominação civilizatória; *O futuro de uma ilusão* desconstrói as promessas ocas da religião & *Mal-estar na cultura* parece antecipar os noticiários atuais, com suas interpretações sombrias sobre o funcionamento da sociedade & o peso da cultura.

LG: *Como pode ser definida a cultura?*

Do ponto de vista semiótico, trata-se do conjunto dos processos de produção, circulação & consumo de significações na vida social. Na perspectiva psicanalítica, seria o estilo de recalcamento próprio de cada momento histórico. Pode ser acrescentada a noção de *subjetividade*: a consciência que cada época tem de si mesma, nunca consciente por inteiro & sempre historicamente incompleta.

MPSL: *Lacan também teria sido um semioticista?*

Ad honorem, hors concours, um artesão da língua, capaz de extrair da clínica os conceitos implícitos em Freud. Conhecedor do sistema de Peirce, também ternário, em grande medida compatível com seu ensino, com a formalização dos registros de *real, simbólico* & *imaginário*, não apenas consolidou a teoria analítica, como estabeleceu um solo firme para as ciências da linguagem.

LAS: *Primeiridade, Secundidade & Terceiridade coincidem com os três registros?*

Sim, sim, sim, porém, não. É grande a tentação de plugar 3x3, mas nem tudo se encaixa, ainda bem. Sistemas complexos podem ser compatibilizados, respeitando contradições & observando incongruências. Da semiótica peirciana provém a definição de *signo: algo que significa para alguém, circunstâncias mediante*. Por sua vez, Lacan instrumentou, no começo do seu ensino, o *signo verbal*, graças à linguística de Saussure, por ser o diálogo a condição da análise. Os registros conformam as dimensões habitadas pelos seres falantes, constituindo, pela sua amarração, a "realidade", tanto a subjetiva quanto a objetiva, sem garantia de perfeita sintonia. *Ser-no-mundo* é viver na encruzilhada das palavras, das imagens & das coisas.

MCB: *Como se fundamentam & justificam os conceitos derivados da clínica?*

O imaginário inclui duas acepções. De um lado, quer dizer falso, fictício; por esse viés, ele denuncia a ilusão de autonomia do sistema percepção-consciência; de outro, tem a ver diretamente com as representações & as miragens, matérias-primas das identificações. Na teoria freudiana, corresponde ao plano do narcisismo, originado na etapa intermediária entre o autoerotismo & as relações objetais da libido. A cristalização da imagem do corpo permite a instalação da matriz do ego no psiquismo; desde então & para sempre, essa instância alienada tem acesso à cognição, arcando com o ônus simultâneo do desconhecimento.

Fora desse âmbito, os sapiens só existem porque falam. O simbólico tem, na linguagem, sua expressão mais concreta, regendo o sujeito do inconsciente. Ela é a causa & o efeito da cultura, em que a lei da palavra interdita o incesto & nos torna por completo diferente dos animais. Na obra de Freud, a importância desse registro pode ser destacada, inicialmente, nos textos ilustrativos do funcionamento da *outra cena*, onde a casuística prova de que maneira esta é estruturada a partir das suas formações: sonhos, atos falhos, chistes, sintomas... Nos escritos que discorrem sobre o Complexo de Édipo, a eficácia da castração depende da *função do pai*, responsável pela ordem simbólica.

O real, como terceira dimensão, é aludido pela negativa: seria aquilo que, carecendo de sentido, não pode ser simbolizado nem integrado imaginariamente. Aquém ou além de qualquer limite, seria incontrolável & fora de cogitação. A reflexão a seu respeito traz de novo o velho problema da incompatibilidade essencial entre sujeito & objeto. Relação impossível, por ser o segundo sobredeterminado, enquanto o primeiro é subvertido pelo desejo.

Na metapsicologia, trata-se da base pulsional do *isso* ou *id*, sobre a qual se organiza o aparelho psíquico. Para Freud, a diferença sexual anatômica era a referência-mor. Todavia, foi o lugar outorgado ao trauma no começo da psicanálise: aquilo que, por irromper de repente & sem razão, não permite nenhuma defesa eficaz.

GO: *Os registros são autônomos? Como se dão entre si?*

Os três mosquiteiros! Um por um & Uno para todos! Todos diferentes, unidos na sua heterogeneidade por obra & graça de um *nó* específico, chamado *borromeano*. Três círculos ficam entrelaçados do jeito certo, em torno de uma propriedade pragmática: cortando qualquer deles, os outros dois não ficam juntos, desfazendo a estrutura topológica. Esse tipo de laço é útil para perceber as concatenações & suas lógicas próprias, evitando que sejam considerados em separado, pois funcionam em uníssono.

Por ter cada um o devido status, nenhum deles teria maior ou menor hierarquia que os outros, atuando de maneira conjunta & se limitando reciprocamente.

NN: *Tudo bem mas, como é que a psicanálise vira semiótica?*

A *semiótica de extração psicanalítica* parte de três ordens de existência que, embora distintas, conformam as matrizes da linguagem & do pensamento: *palavras, imagens & coisas.* São os elementos constitutivos do mundo humano. Nossa natureza é complexa, nada natural. As palavras são equívocas; as imagens são aparências; as coisas são concretas. Significantes, significados, referentes. No simbólico, *o significante representa um sujeito para outro significante,* no dizer de Lacan; no imaginário, o significado, que só faz sentido quando consciente; no real, o referente, impossível porque *profundamente perdido,* segundo Freud. Para além do sensível, nem tudo é simbolizável...

A estrutura da realidade humana é tridimensional. A subjetividade decorre da articulação entre a matéria, as formas & a significação. Ainda que a amarração psíquica dos registros seja única & peculiar para cada um, segundo a própria história & destino, há uma dimensão comum, que permite que os falantes de uma mesma língua partilhem sentidos coletivos, experimentando a vida cotidiana como "normal".

MA: *Lembrando Deleuze, qual seria a lógica do sentido?*

O sentido é a resultante da junção do simbólico com o imaginário, assimilando o singular de cada um com o plural de todos. Aquilo que tem nome & forma conhecida pode ser compreendido & partilhado. Por oposição & contraste, o real, anônimo & amorfo dispensam denominações ou reconhecimentos, se impondo por poder próprio, independente das intenções ou designações humanas. Pode-se entender a *cultura,* de maneira ampla, como uma gigantesca máquina de produção de sentidos, por meio dos aparelhos ideológicos, sejam do Estado ou da iniciativa privada. Os discursos competentes, a *doxa*, o bom senso, a sensatez, o sentido comum... A lógica do sentido é a alienação, o preço a ser pago por viver em sociedade. No plano subjetivo, ideias & representações só fazem sentido quando não ofendem o narcisismo, consolidando identidades.

OM: *O que é a Semiótica Psicanalítica Sintética (SPS)?*

Um quadro sinóptico, de dupla entrada, que permite estabelecer convergências & cruzamentos conceituais, a partir dos registros. Assim, o Imaginário alinhava as categorias de *Narcisismo-Imagem--Sentido-Crença-Ser sexuado,* compatíveis, mas não sinônimos. Simbólico: *Inconsciente-Palavra-Mente-Saber-Ser falante.* Real: *Gozo-Coisa-Cérebro-Conhecimento-Ser mortal.*

Ao mesmo tempo, a leitura horizontal confronta com os desdobramentos verticais, distintos. *Verbigratia*: A *topologia* se ocupa da articulação dos registros da experiência humana; a *psicanálise* volta-se para os domínios do psiquismo; a *semiótica*, por sua vez, dirige-se às matrizes de linguagem & pensamento; já as *neurociências*, aos locais cognitivos; a *epistemologia*, às razões intelectuais; a *filosofia*, às questões ontológicas ligadas à sexuação & à finitude.

AP: *O que se entende por Clínica da Cultura?*

Por ser uma disciplina heurística, a *Semiótica Psicanalítica* trabalha com hipóteses retroativas & conjecturas prospectivas. A *Clínica da Cultura* faz os diagnósticos, por imagens & palavras, das ideologias da época. São considerados sintomas as contradições da sociedade, seus impasses & soluções de compromisso, cujas manifestações & latências podem ser descritas, analisadas & interpretadas ao pé da letra. A espetacularização do mundo contemporâneo, por meio da proliferação das tecnologias da comunicação, discrepa da realidade globalizada, deixando muito a desejar, considerando as insuficiências do sistema capitalista para concretizar tudo o que promete.

As bases teóricas para uma leitura crítica encontram-se no *Mal-estar na cultura*, de Freud; nos quatro discursos de Lacan; nos ensaios de Žižek. Trata-se, em definitivo, da *psicanálise em expansão*.

ALG: *Para que serve o curso Semiótica Psicanalítica – Clínica da Cultura?*

Lato senso, uma especialização em... (*Após o curso, o desejo individual preenche esse item*). Seu objetivo é a disseminação de ideias originais, necessárias para se entender o século XXI, do qual fazemos parte como sujeitos históricos & seres gozosos, capazes de aprender a sobreviver & a mudar a vida com alegria.

MC: Fora a *PUC, a Semiótica Psicanalítica floresce em algum outro território?*

Sim, cumprindo o vaticínio de Umberto Eco, a semiose avança: a partir de 2018, na ECA-USP foi iniciada uma especialização inédita, *Cultura Material & Consumo – Perspectivas semiopsicanalíticas*, organizada por Clotilde Perez. Quais seriam as ressonâncias & as distinções entre os dois cursos? Enquanto o primeiro centra o foco na esfera vivida pelos sujeitos sujeitados, o novo aponta para as consequências da relação com os objetos da necessidade, do desejo & da fruição, onipresentes na vida cotidiana, nos sonhos & nos ideais.

SH: *Bom, depois de tudo isso, ainda seria possível ser feliz?*

Claro que sim! Tudo depende "da gente" (de cada um & de todos). A felicidade, definida por Renata Salecl, uma das autoras da nossa bibliografia, também é um item de consumo na contemporaneidade. Entretanto, ética & existencialmente, resta para cada um, um por um, saber qual é o verdadeiro custo da vida, da própria & da alheia, lembrando sempre uma das consignas de Maio de 68: *A liberdade dos outros expande a minha até o infinito*. Tim-tim!

ARQUEOLOGIA DA SEMIÓTICA PSICANALÍTICA

Publicado em castelhano no número 3 da revista *NOTAS* da Escuela Freudiana de la Argentina em 1979; em português, no número 12 da revista *klínica* da Faculdade de Psicologia de Itatiba em 1980; no número 1 da revista *Cenário* do GREP (Grupo de Estudos Psicanalíticos) de Belo Horizonte em 1992; também faz parte de *Contra natura* (Editora Iluminuras; São Paulo, 1999).

A FEMINILIDADE SEGUNDO LÉVI-STRAUSS

> *Deus era hermafrodita antes da Criação, dividindo-se, depois, em dois seres opostos, de cuja cópula nasceu o mundo. O Sol é masculino; o princípio feminino encarna particularmente na Lua. Ela é a Mãe, a deusa sempre fecundada, porém virgem, representada por uma mulher coroada de estrelas, carregando em seu corpo o quarto crescente.* — Serge Hutin.

O que ela quer? Esta questão, tipicamente masculina, é também endossada pelas mulheres quando sacrificam algo que poderiam saber sobre si mesmas para se constituírem em enigmas ambulantes. Por esse viés, qualquer resposta que as denuncie como desejosas seria rejeitada. Se ocultando no mistério (no *eterno feminino*, na longínqua transmissão de mulher para mulher, desde a *Mãe Primeva* até chegar a elas), devolvem aos machos da espécie sua pergunta sob uma forma invertida. Então, a feminilidade é posta em jogo com a explícita função de manter a curiosidade insatisfeita.

Qual é o papel da feminilidade dentro da sexualidade das fêmeas humanas? Serem femininas não é redundância, porque poderia não ser assim. Como se sabe, mulheres são femininas em maior ou menor grado. As outras são os reflexos onde cada uma delas pode medir sua potência narcísica. Alienadas naquelas distintas delas, as mulheres rivalizam com suas semelhantes invejando a capacidade performática alheia, sempre melhor; ao mesmo tempo, todas & cada uma são capazes de se acreditarem inteiras & sem mácula. Esses transitivismos têm a sua origem numa identificação primitiva, maternal & arcaica (*Alma Mater*), cuja alteridade deve ser, necessariamente, outra coisa que elas procuram para além do espelho, porque uma comparação apenas entre mulheres não costuma dar lugar a certeza nenhuma.

Sobra para os homens a tarefa de cortejá-las, junto com a homenagem de confirmá-las com seu olhar, desde que duas condições sejam cumpridas: do ponto de vista deles, algo deve ser o objeto desse olhar, que, da perspectiva delas, só é suportável se acompanhado de um silêncio que não nomeie o que é fitado.

Cabe aqui a invocação a Lévi-Strauss. Mas não o antropólogo, senão o fabricante americano de *blue-jeans*. Nos anos 1950, publicidade das calças LEVI'S era: *"Dá ao homem algo da mulher & à mulher algo do homem"*. Essa sequência precisa ser apreendida segundo a lógica do fantasma: tendo a mulher algo do homem, (se & somente se) o homem aceitará (ter) algo da mulher. Como resultado, bem que o travestismo feminino poderia ser considerado uma maneira cabal de *honrar as calças*!

Fossem esses os brasões, quais seriam as insígnias? Nas evoluções dos usos & costumes, pode ser computado como um triunfo do feminismo a mudança topográfica do zíper dos jeans: inicialmente lateral, quando deslocado para entreperna, unissex, também foi anulada a diferença como alvo mirado.

Resumindo até aqui: para além da sua beleza natural, as mulheres se utilizam de todos os recursos da moda; assim aperfeiçoadas, se oferecem; é graças a tudo isso que os homens as aceitam. Mas isso não evita o incômodo de certa ansiedade implícita, pois tais artifícios funcionam, sim; no entanto, por que são eficazes?

Abre-se a incógnita sobre o desejo do Outro. *O que ele quer de mim?* Tradicional interrogação, consciente & inconsciente, daquelas cujas mães talvez não tenham sido bons polos de referência. É bem conhecida a posição histérica: consiste em se colocar não só no lugar da mulher, como também no do homem, para buscar algum saber sobre o desejo. O problema é que essa dupla identificação implica manter a polivalência fálica intacta, sem renunciar nada do seu narcisismo em prol da libido objetal. Num fracasso renovado, a ligação simultânea ao homem & à mulher é a tentativa de se obter uma resposta que é só pergunta.

Das prendas domésticas ao trabalho alienado. Todo & qualquer artigo de consumo (exemplo: jeans) é – Marx *dixit* – um fetiche. A Revolução Industrial, iniciada com a mecanização dos teares, não fez mais que simplificar aquela milenar técnica feminina de tecer (os pelos do púbis) para se cobrir. O trabalho, entretanto, é interminável: na roca de Penélope, a trama do engodo é desfeita; ao mesmo tempo, novamente refeita. No dizer de Lacan, uma *verdadeira* feminilidade apresenta sempre uma dimensão de álibi; uma mulher *autêntica*, algo de extravio...

Daí que o véu de Maya, a ilusão que encobre o mundo, também serve para se esconder diante do demônio do Pudor.

Mas o homem – Ulysses – não quer deixar de ouvir o convite fatal que a presença delas propõe na voz das sereias. Não apenas a audição & a visão participam da empreitada, também o olfato – *odore di femina, profumo di donna* –, como tão lucidamente comprovara Fliess ao vincular o reflexo nasal com a bissexualidade & os períodos de cio.

No entanto, alguns homens transcendem as aparências: "*Sem dúvida, o costume de vestir-se teve dois únicos motivos: a inclemência do ar & a astúcia das mulheres; estas acharam que perderiam rapidamente todos os encantos se não os previam antes de deixá-los nascer. Percebendo que a natureza não as teriam criado sem defeitos, se asseguraram de ter todos os meios de agradar, ocultando esses defeitos com adornos; o pudor não foi, portanto, uma virtude, senão uma das primeiras consequências da corrupção, um dos primeiros recursos da esperteza das mulheres.*" (Marques de Sade)

Verborrágicos, os poetas assinalam os caminhos do desvario:

Y al mágico antílope que sostiene tus pecados
— oh, amantísima & desconocida mujerzuela de las callejas del hastío,
lo perseguiré con los andamiajes del amor & el atropello...
— oh, amantísima hembra
Juro que asesinaré el poema hasta hacerlo mujer...

(Jorge Alemán)

Enquanto isso, outros homens ficam aterrorizados: *"Ali onde os primitivos estabeleciam um tabu, era porque temiam um perigo. Pode-se dizer que a mulher é tabu na sua totalidade".* De punho & letra da própria pena de Freud...

Tabu? Perigo? Totalidade?

O olhar da Medusa petrifica porque seus olhos não devolvem a imagem de quem os vê. No pano de fundo da angústia, a multiplicidade dos cabelos-cobras outorga significação ao horror que tentam mitigar. Mas um único réptil – a serpente – é a tentação que, desde a Bíblia, convida a transgredir.

Tal ousadia – o erotismo – precisa da beleza como semblante & simulacro, pois não seria uma carência o que dispara o desejo; antes, quem sabe, uma presença...

Do *Diário* de Leonardo da Vinci: *"O ato da cópula & os membros de que se serve são de uma fealdade tão grande que se não houver a delicadeza dos rostos, os enfeites dos participantes & o ímpeto desenfreado, Natura perderia a espécie humana".*

Lembremos Afrodite surgindo das ondas, como metamorfose dos genitais do Céu, caídos no mar. Deusa da beleza, seu corpo é a glória do amor. O ideal estético alude ao etéreo das formas, à irrealidade dos movimentos na dança, à sugestão da animalidade sublimada.

Mas aquela natureza ou animalidade oposta ao humano é o que retorna quando Freud, falando das nossas fêmeas, as comparava com os felinos. Encerremos, assim, essa alegoria com um ponto, ao mesmo tempo, de estofo & de admiração, citando Lacan outra vez, quando afirmava que o ronronar é o gozo dos gatos, que gozam com o corpo todo...

REFERÊNCIAS BIBLIOGRÁFICAS

ALEMÁN Jorge. *Iguanas*. Buenos Aires: Grupo Cero, 1971.
BATAILLE, Georges. *O erotismo*. Porto Alegre: L&PM, 1987.
FREUD, Sigmund. "La feminilidad" (1930).
⎯⎯⎯⎯⎯. "El tabú de la virginidad" (1917), in *Obras Completas*. Madri: Biblioteca Nueva, 1970.
LACAN, Jacques. "Significación del falo", in: *Escritos*. México: Siglo XXI, 1971.
⎯⎯⎯⎯⎯. *A terceira*. São Paulo: etc&tao, 1981.
SADE, Marquês de. *A filosofia na alcova*. São Paulo: Iluminuras, 2003.

RES NON VERBA, SCRIPTA MANET, IMAGO VOLAT

No circo, o domador estala o chicote & os leões obedecem, afastados por uma cadeira na outra mão. Enquanto a utilidade do açoite é explícita, o assento também serve na situação, mas não exatamente para ficar sedente. Agora, como extensão do corpo na defensiva, na suplência de um braço com quatro pés, ainda seria uma cadeira?

C'est ne pas une chair... René Magritte, em circunstâncias análogas, dizia: "*O famoso cachimbo... Como fui criticado por isso! No entanto, vocês podem encher de fumo, o meu cachimbo? Não, não é mesmo? Ele é apenas uma representação. Daí que, se tivesse escrito sob meu quadro: 'Isto é um cachimbo', eu teria mentido.*" Seu conhecido *tableau* foi comentado por Michel Foucault, antes de virar *mot de esprit à la carte*. Se houver fumaça, haveria fogo? Não adianta *pipar*: está apagado. Desenhado, pintado, escrito & lido: honestidade no engodo, já que o verdadeiro título do quadro era *A traição das imagens*.

Magritte pintou em 1929, Foucault escreveu em 1973. Em 1965, Joseph Kosuth concluiu uma das suas mais conhecidas criações, *Uma & Três Cadeiras*; na época, as ideias de Jacques Lacan, em jogo desde os anos 1950, como perspectiva & pontos de fuga, ajudaram na formulação da denominada *arte conceitual*. As dimensões simbólicas, imaginárias & reais, como registros da experiência sensorial, moldam a realidade cotidiana, que pode não ser igual para todos, mas é imposta consensualmente. Palavras, imagens & coisas se entrelaçam, dando como resultado o sensato, o sensível & o sentido comum. Todavia, nem tudo é cognitivo: o mesmo nó inclui a função de desconhecimento do eu & o inconsciente, o saber não sabido.

Nem todos os povos, etnias ou civilizações sentam em cadeiras. Aliás, o objeto em questão é uma invenção da modernidade, multiplicada na sua feitura de mil maneiras & estilos. Faz parte da paisagem humana da cultura material como um elemento usual & trivial, sem deixar de ser uma peça complexa que estende o corpo para baixo, equilibrado com a gravidade, lhe acrescentando patas. Anatômica & ergométrica, pode ou não ser confortável, desde que aceite o sustentável peso do ser; em princípio, a sua atribuição específica.

One and three chairs (Uma & três cadeiras)
Joseph Kosuth, 1965
MoMa, Nova York, EUA
Técnica: Madeira & fotografia em prata coloidal
Tamanho: 82cm x 38cm x 53cm (cadeira)
91cm x 61cm (fotografia)
61cm x 61cm (painel com texto)
Movimento: *Arte conceitual*

A obra começa pelo título, que anuncia verdades tautológicas. A conjunção, entretanto, não deixa de ser uma contradição a ser salva por nenhuma lógica paraconsistente, senão pela demonstração cabal do enunciado. *Data venia*, os registros, espertamente expostos pelo artista, ilustram um tipo especial de semiótica, oriunda da psicanálise.

Sim, são três; então, por que *Uma*? Platão eternizou o ideal da forma perfeita, enquanto Ferdinand de Saussure acusava recibo, via imagem mental. Uma cadeira, todas as cadeiras? Um quadrúpede arquetípico? *A priori* conhecida, para sempre reconhecida? Nomeada diferente em outras línguas, sonhável em qualquer versão ou design? Uma cadeira é uma cadeira é uma cadeira é outra cadeira... Ainda por cima, sempre feminina...

Ao mesmo tempo, uma que pode ser três & três que fazem uma propicia a topologia, laica & profana, da trindade borromeana. Destarte, as peças de Kosuth compreendem a fotografia de uma cadeira, a cadeira propriamente dita & um painel onde está escrita a definição do dicionário do verbete "cadeira". A trilogia, dessa maneira apresentada, pode ser vista da esquerda para direita ou vice & versa, aliada ao destaque de cada parte. Em todos os casos, uma autêntica cadeira: retratada, ao vivo & descrita; a mostra do conceito, por sua vez, plasmada num objeto pragmático, junto com sua representação veraz. A foto é da própria, tamanho natural no plano, acompanhando a concretude da mesma, ao lado. A seguir, o texto coloca letras abstratas para sublimar morfologia & volume, na canonização de sua substância generalizada.

Se, no simbólico & no imaginário, a dita-cuja vira significante & significado, linguístico & visual, qual seria o referente daquele apoio somático, típico do mobiliário ocidental, embora tenham existido variações, desde 1000 anos a.C., nos mobiliários egípcios, chineses, além dos tronos dos soberanos orientais? Todas & cada uma das aludidas, positivamente ônticas, firmes & empertigadas? Talvez, só na esfera do racional; muito diferente, porém, como fenômeno & fato. Enquanto "cadeira", tal objeto manufaturado atinge o fim proposto pela sua consistência estrutural, servindo até quebrar. Nem sempre seria possível arrumar, até o momento em que aquilo resulta inservível, desmembrado em pedaços antes constitutivos, agora somente restos. Uma cadeira inútil continua a ser uma cadeira? Irreversível, o real é o que não tem conserto.

DADO POR SENTADO

Sob o rótulo de arte conceitual, o trabalho de Kosuth, tridimensional, pode ser pensado como uma escultura que inclui um recorte icônico da banalidade cotidiana, elevado à categoria totêmica & digno de atenção, propiciado pelo gesto pioneiro de Marcel Duchamp. *Encore*:

A visualidade, tanto da foto quanto das palavras redigidas para serem entendidas, outorga validade intelectual ao ato de leitura da composição. Essa "bula" poderia ser traduzida em outros idiomas, até em braile, como também mudar o exemplo de assentamento. Todavia, a obra, embora aberta ao espectador/leitor, também parece se fechar numa pretensa completude de significações, ao oferecer todas as provas, em simultâneo, daquilo que Freud chamava de *identidade de percepção, representação de coisa, representação de palavra, déjà-vu, prova de existência*; de todas as maneiras, *princípio de realidade*...

A *realidade psíquica*, contudo, inclui o princípio do prazer ao serviço do narcisismo, suas defesas & fantasias. O domador jamais senta no horário de serviço, porque os leões nunca são mansos. Em cada mão, um instrumento necessário: o chicote, fálico & másculo; a cadeira, aconchegante & feminil, proteção garantida. Só depois do espetáculo, seu rebolado poderá se imobilizar naquele descanso metonimicamente côncavo, na compensação do risco assumido pelo gozo do aplauso.

Palavras, imagens & coisas perfazem a trama do mundo humano, a textura da vida, os laços discursivos que balizam & ordenam a existência, plena demais de sentidos alienados. Num futuro próximo, graças à tecnologia digital & à projeção a laser, Kosuth terá a chance de fazer a holografia de uma cadeira, puro semblante da mencionada, mesmo que sentar nela seja impossível, outra das características do real...

ARTES BORROMEANAS

No dia 3 de fevereiro de 1975, no Instituto Francês de Londres, por ocasião da edição dos *Escritos* pela Tavistock Press em data próxima, Jacques Lacan fez uma apresentação para uma plateia de analistas & leigos anglo-saxões. Discorreu sobre as suas ideias, citando Erich Fromm, Richard Ogden, Tom Stoppard, Donald Winnicott & Sigmund Freud, *of course*, mesmo falando na sua língua de origem. A seguir, desenhou na lousa um nó borromeano, para explicar as categorias de *Simbólico*, *Imaginário* & *Real*, com as devidas interseções. Na hora das perguntas, uma jovem estudante quis saber onde situar a arte no diagrama. Teria sido esta a resposta: "*Ah, a arte! Não, não tenho falado disso. Então, seriam necessários mais círculos...*"

Mais círculos? Arte ou artes? Quais? Todas? As convencionais, pelo menos? Cada uma, no que tem de específico? A lógica do dito nó permite começar a pensar, se não todas, ao menos algumas produções plásticas da modernidade & alhures, em primeiro lugar, atentado à obra, mas sem descartar o seu autor. No entanto, na expressão da singularidade do dito sujeito, um quarto círculo deveria ser inferido, com a função suplementar de amarrar os outros três de maneira única. Os artistas são consequências dos seus atos criativos, já que estes falam por eles, ainda que seus sintomas & fantasmas individuais possam ser tratados no divã. O Nome-do-Pai, presente na assinatura do trabalho, responsabiliza & indicia, por conta & risco do reconhecimento público.

Assim sendo, cabe analisar os feitos, para além dos seus feitores & devires. Nesse exercício, foram selecionados seis artistas; por sua vez, divididos em dois grupos, dependendo das suas realizações acontecerem em duas dimensões, *Gustave Courbet, Yves Klein, Art Spiegelman*, ou três, *Piero Manzoni, Marc Quinn, Gunther von Hagens*.

I. GUSTAVE COURBET – *A origem do mundo* (1866)

Pintado com o maior dos realismos, competindo com a incipiente fotografia da época, o quadro mostrava, com total naturalidade & em destaque, o esplendor frondoso de um monte de Vênus, coroando a sua dona, anônima & lânguida no segundo plano. Escandaloso desde então, nunca foi exibido em público, pois ficou com seu dono, um colecionador libidinoso, até começar a circular clandestinamente na Europa das Grandes Guerras. Lacan o obteve & o conservou na maior discrição; depois do seu passamento foi entregue ao Museu do Louvre, como acerto dos impostos sucessórios ao fisco gaulês.

Que uma pintura seja apenas uma representação não impede de ser muito verossímil. Quando, confrontado com o mistério anatômico feminino, o espectador, impactado, mais do que ver o que nunca costuma ser mostrado, de imediato se depara com o título ou o apelido que potencializa o sentido da composição: *A origem do mundo*. Evidente, do mundo humano, tanto coletivo quanto pessoal, como condição do vir-a-ser só depois de ter sido exprimido pelo desfiladeiro das carnes maternas, na angústia da chegada à vida, à realidade, à linguagem, à cultura. Mas a nossa estirpe, além de mamífera, é também edipiana. Na exposição da diferença sexual, ainda como simulacro, há o que há, mas algo também falta: o falo brilha pela ausência.

No real, as origens são localizadas sempre entre as pernas das fêmeas. No imaginário que nos diz respeito, as mulheres, suas portadoras, tornam-se enigmas ambulantes, pela invisibilidade incomensurável dos seus desejos & gozos. No simbólico, nomeando o início de tudo, fica equívoco, entretanto, o quê entender por *mundo*...

II. YVES KLEIN – *International Klein Blue* (1962)

Um particular tom de azul, dentre todos os possíveis: Klein fez algo que ninguém tinha realizado, antes ou depois. Misturou pigmentos até obter uma coloração única, sua preferida. Usou aquela tinta em alguns quadros, pela própria mão; depois, desenvolveu uma técnica ativa na qual modelos nuas, lambuzadas do seu azul, se esfregavam em enormes telas brancas, deixando a *impronta* monocromática dos seus corpos. Mais ainda: ele registrou como patente de invenção a sua exclusiva pigmentação, denominada *International Klein Blue*.

No real, aquilo que antes não havia, agora há: uma nova cor, uma vibração de onda a ser acrescentada à paleta humana. Na continuidade imaginária, o que entra pelos olhos é uma fruição inédita; porém, o uso dos corpos como suporte da ação reitera o fascínio da forma típica da nossa espécie, qual um estádio especular. Por último, firmando o achado como seu, nas formalidades cartoriais & mercantis, conseguiu muito mais do que o gozo de uma experiência sensorial, pelos direitos & royalties que seu patronímico aquilataria: excelsa maneira de honrar & faturar em nome-do-Pai!

III. ART SPIEGELMAN – *Maus* (1986)

Assombrado pela saga do progenitor, sobrevivente dos campos de extermínio, o filho, artista nova-iorquino de *underground comics*, conseguiu, de maneira magistral, elaborar o peso da culpa do relato paterno em imagens feitas pela própria mão. Não só: sua *literatura desenhada* metaforizou os nazistas como gatos & os judeus como ratos, numa sobreinterpretação plena de sentido; de quebra, contando a história paterna, também contou a sua... A *graphic novel*, merecidamente, foi reconhecida com um prêmio Pulitzer.

Só sabe do horror aquele que o viveu, pois apenas os vivos têm memória; quem escuta, porém, alucina fantasmas. O real pode ser evocável, sem que as palavras possam tomar conta do inominável; enquanto isso, o imaginário permite a visualização daquilo que foi ouvido, na tentativa de simbolizar a prepotência inadmissível do discurso do Outro, nulificante.

IV. PIERO MANZONI – *Merde d'artiste* (1963)

Com esse rótulo, latas contendo trinta gramas de fezes autorais foram expostas & colocadas à venda, com o preço correspondendo a trinta gramas de ouro, na cotização do dia. Poucos anos depois, tinham valorizado muito mais do que o nobre metal. O conteúdo, se verdade fosse, estava hermeticamente lacrado & significado pela etiqueta, elevando tal objeto à alçada da *Coisa* ideal, incolor, inodora & insípida. No entanto, se a lata aberta fosse, perderia graça & aura, além de cheirar mal, mesmo sendo verdade... *Ver-o-peso*, vale o escrito, melhor não querer saber!

No real, a cerâmica intestinal que diariamente produzimos tem por destino ficar longe de nós, por mais narcisista que for considerada em termos imaginários. No inconsciente freudiano, como equivalência simbólica, é sempre um presente & vale tanto quanto o dinheiro vivo. A sublimação, quando bem-sucedida, pode até transmutar a bosta em um Bem Maior, faturável.

V. MARC QUINN – *Self* (1991)

O artista inglês moldou a sua própria cabeça, a ser preservada dentro da vitrine de um refrigerador durante até derreter, com a medida exata do peso do sangue que conteria, usando o líquido das suas veias como material.

O título da obra é literal: sua silhueta, seu fluido, ele mesmo. A consistência dos registros é absoluta, transcendendo os limites da representação por apresentar, ao mesmo tempo, a vida & a morte, no lento deslizar da perda da forma, no retorno ao inanimado, porém, personalizado.

VI. GUNTHER VON HAGENS – *Os mundos do corpo* (1998)

Muitas são as façanhas desse médico alemão que, depois de inventar uma técnica de plastificação & conservação de cadáveres, achou por bem mostrar ao mundo os cadáveres fora dos seus túmulos, numa espetacularização da morte em prol da ciência & da curiosidade mórbida dos leigos.

Depois da vida, a deterioração da matéria orgânica é obscena, usualmente fora do campo da visão. Todas as culturas dispõem de regras para organizar de maneira pragmática o fato de sermos mortais & terminar como restos biodegradáveis. As esculturas humanas mantêm suas formas anatômicas; contudo, por mais que o "artista" coloque os corpos inertes em posições corriqueiras, sustentados pelos polímeros misturados com aquilo que sobrou daqueles que já foram pessoas, outros são posicionados de maneiras grotescas. O discurso científico, usado como álibi, serve para superar os tabus simbólicos exclusivos das religiões, trivializando Tânatos para além de Eros, pelo preço do ingresso, pipoca incluída.

A HERESIA DE FARNESE DE ANDRADE

> *O monge faz os hábitos: percorrendo o incipiente aterro do Flamengo, na espreita das dádivas trazidas pelo mar. No eterno retorno do que não é mais submerso, restos naufragados lambidos pelas ondas, cacarecos desprezados pela civilização, tudo matéria-prima para a imaginação. Com frequência, perscrutando antiquários, na procura de tesouros inadvertidos nos alfarrábios; desde sempre, polindo as madeiras da terra, a carne do planeta, servida em cumbucas...*

Farnese de Andrade (1926-1996), carioca, porém mineiro de origem, foi pintor, gravador & desenhista. Seu legado compreende, além dos trabalhos em tela ou papel, as esculturas que foi construindo ao longo dos anos, o grosso de sua produção, um convite aceito para uma leitura semiótica & psicanalítica. Singular & enigmático, tal acervo encerra segredos & desafia solicitações interpretativas. Para tanto, algumas categorias lacanianas de amplo espectro podem ser utilizadas na leitura das peças. Os registros da experiência consuetudinária, *Simbólico, Imaginário & Real*, permitem dar conta dos agenciamentos entre as palavras, as imagens & as coisas, as três dimensões distintas da realidade trivial.

Os objetos de Farnese são, ao mesmo tempo, entrelaçamento & produto dessas perspectivas. Cada um deles é singular, mas todos partilham características comuns, feitura & estilo. Na solidez dos componentes, a madeira predomina: ela é um elemento onipresente, um dado da natureza, embora alterado pelo toque humano. A resina é o seu contraponto, sempre artificial, transparente & polimorfa.

No imaginário, constam duas ordens de visualidade: as formas & as imagens. As primeiras correspondem aos contornos das coisas empregadas; as segundas, às fotografias que participam de muitas das composições.

No simbólico, as obras podem ser distribuídas em dois grandes grupos: aquelas nomeadas pelo autor & todas as outras, batizadas genericamente de *Sem título*.

Pois é: nem tudo pode ser dito, nem sequer nomeado, para além do mostrado na arte concreta dos restos inanimados. O real, como instância hierática, condensa hipotéticos passados & futuros anteriores, enigmas perenes & desafios à razão.

O INVENTÁRIO DE FARNESE

AR

"*Como o âmbar que captura a mosca, para nada querer saber do seu voo.*" Assim falava Jacques Lacan, em outro contexto; de forma analógica, Farnese fazia do ar um espaço sólido a ser preenchido de maneira sutil & abrangente. No emprego do vidro, sua intrínseca transparência fixa o que por trás se mostra, encapsulado em gaiola a olho visto, garantia de imobilidade. Os vazios, espertamente dosados na alternância de presenças & ausências, desfraldam horizontes internos, exemplificando o conceito oriental de *ma*, a distância equilibrada entre as coisas, o nada como suplemento.

Obra clara, matéria densa: a partir do momento em que resinas & polímeros ficaram ao alcance das suas mãos, o ar liquidificou-se & a translucidez ganhou peso específico. A euforia inicial dos olhares atravessando a espessura invisível murchou quando, tempos depois, o poliéster começou a amarelar, ofuscando a visão. A novidade, científica & sintética, envelheceu prematuramente sem, por isso, desentoar.

BONECAS

Contraponto: Alice Cooper costumava, como parte do seu show, destruir algumas bonecas no palco; por isso, foi acusado de odiar as crianças.

Negou, dizendo que, na verdade, detestava bonecas... Quem gostava mesmo era Farnese, dado a multiplicidade das ditas nas suas produções. Inequívoca alusão à infância, universal & própria, esses fantoches antropomórficos não seriam apenas patrimônio das meninas, menos ainda quando manipuladas pelo artista em qualquer estado de conservação: queimadas, quebradas, em pedaços... De onde elas vieram? Muitas vezes, descartes de outra etapa da vida, jogadas no lixo; outras, compradas, depois de muito regatear, nos mercados de pulgas, interestaduais ou estrangeiros. O oceano, entretanto, era o grande fornecedor: as ressacas diárias traziam cabeças, pernas & braços, prévios esquemas corporais desconstruídos. Sazonalmente & por motivos inexplicáveis, a safra podia ser mais graúda em certa época do ano mais do que em outras.

Na oficina, possíveis quebra-cabeças somáticos viravam objetos parciais de composições complexas, onde corpos fragmentados & membros esparsos impunham uma estética não caótica se não harmônica, com um premeditado efeito sinistro no conjunto. A falta intranquiliza porque a evisceração alude à mutilação, impossibilitando fantasias de totalidade. Ademais, aos folguedos pueris há de se acrescentar os ex-votos, autênticos souvenires de malformações & milagres, vendidos a preço vil ou roubados de alguma capela ardente. Partes inanimadas de corpos fantasmas, o sofrimento impregnado na feitura & na exposição das antinomias anatômicas.

Menção especial para as cabeças, na grande maioria, decapitadas. Fisionomias que já eram rígidas; por ventura, eternizadas como caretas decepadas. Sorrisos congelados & olhares fixos, cegos ou brilhantes, sempre alheios ao espectador, na ameaça latente da castração manifesta a céu aberto.

FÉ

Títulos induzem sentidos; quando estes inexistem, as obras devem falar por si mesmas. Temas & assuntos piedosos são recorrentes, nas citações explícitas dos signos & nas personagens da religiosidade popular, posicionadas em ambientes mundanos, na companhia de bizarrices laicas. A cruz, inevitável, é carregada nas costas de algumas peças. O emprego assíduo de oratórios não deixa dúvidas sobre certa aura de sacralidade induzida; nem beata, tampouco herege, jamais blasfema.

IMAGO

São poucas as obras que não contêm alguma figura humana, das mais variadas formas, completas ou não. A *gestalt* da espécie se mostra onipresente; contudo, despedaçada. Os contornos & limites são, às vezes, determinados pelas formas constituídas das cumbucas que, operando como úteros aconchegantes, moldam a corporeidade insinuada.

MADEIRA

No horóscopo chinês, junto com os tradicionais quatro elementos, também são incluídos o metal & a madeira. Na confecção de muitos *ensembles*, os primeiros são superados largamente pelo predomínio desta última. Todas as madeiras do mundo, as naturais & as trabalhadas, cortadas, talhadas, polidas, marchetadas, nem sempre inteiras ou perfeitas. Pedaços de móveis; mesas, cadeiras & armários, agora inviáveis após uma vida de serviços. Troços, ouropéis, molduras, talhas & tralhas, tranqueira pronta para ser transformada em outra coisa sem critério de uso, elevada à categoria de valor artístico, arte pela arte.

MORTE

A presença da ausência drena a vitalidade no consolo da melancolia. Amanhã seremos os ossos de ontem, sem o sangue de hoje. Se a existência termina muito antes de empeçar, viver não tem remédio: Memento mori, carpe diem, cupiditas ex cathedra!

PASSADO

Avançamos pelos anos caminhando de costas para o porvir, fora do alcance dos olhos, nem visível nem previsível. Tão só enxergamos o que foi visto quando acontecido, por ser tudo o que conhecemos. A memória, no resguardo da eternidade, é indelével enquanto dura. Cada noite, o capitalista do sonho reativa arquivos tortos, trazendo de volta vivências nunca esquecidas. Nas lembranças, o que foi permanece atual, influindo no agora, sem deixar de ter sido, para tudo o sempre, até prova contrária.

RESTOS

De tudo o que foi & se passou, algo sempre fica. Do todo irrecuperável, o pouco sobrante indica, metonimicamente, aquilo que foi perdido. Ruínas, desapegos, segundas mãos, coleta seletiva, reciclagem: mais tarde, em novas configurações, outras poderão ser as chances de ressignificação. Pequenas constâncias da vida cotidiana, descobertas, compradas, herdadas, presenteadas, testemunhos de antigas histórias, amostras do desejo do Outro, indícios.

UTILIDADE

Capaz das maiores façanhas produtivas, o engenho humano resolve necessidades de forma racional, mas isso não impede que a dimensão do inútil insista em permanecer na civilização, sendo a arte, nas suas versões, o exemplo-mor. Nem tudo precisa ser pragmático nesta vida: o gozo, em todas as suas modalidades, dispensa seriedade & sisudez, aplicação & produtividade. Sem noção, o que não serve para nada talvez seja a condição da alegria, a gaia ciência...

***

O *ÁGALMA*, GAMADO & MAL-AMADO, AMALGAMADO

Gênio & figura, Farnese de Andrade dispensa ser psicanalisado ou psicografado *in effigie*, já que algumas caraterísticas da sua personalidade seriam óbvias na sua produção, assim como as referências autobiográficas, perceptíveis no seu panteão pessoal. Suas contradições eróticas, implícitas na discrição; claramente, também, uma formação católica bem ao estilo barroco & mineiro, arrastada até o Rio. Pulsões & desejos, reprimidos & exprimidos, poderiam ter sido cristalizado como sintomas ou inibições, mas sublimaram como talento. O reconhecimento, elusivo, não lhe foi esquivo, mitigando a sua sólida solidão. Nunca dava uma peça por acabada, modificando até o minuto antes da colagem final. Prolífico, era o maior colecionista dos seus feitos, dos quais custava se desprender. Vivia da arte, segundo a lógica da sua interioridade, êxtima & estimada pelos outros.

Predestinado ao acaso das coisas achadas & perdidas com pecados concebidas, na sua mitologia individual nada havia de novo; portanto, ele seria inclassificável dentro da pop-art & do *kitsch*, pela não repetição em série dos trabalhos. Inconfundível & único no seu tipo, idêntico apenas a si mesmo, o narcisismo pouco transparece na sua estética, que opera como semblante adequado para o eclipse do eu. O supereu, pesando na consciência dos vivos como um cadáver, encontra-se em todo lugar: nos ícones estáticos, nos enquadramentos dramáticos, na ambientação claustrofóbica, na promessa de um além já proibido desde o início. Isso fala & diz, na mudez imposta, sujeita à lei de gravidade & fora da entropia; suspensa no tempo & no espaço como motor imóvel da ação direta de uma nova ordem & de um inédito progresso.

A heresia em questão concerne ao alinhamento na amarração dos registros, assim dispostos: R – S – I. Na gênese de todas & cada uma das obras, ele manteve o mesmo procedimento, disparado em todos os casos pelo encontro fortuito com aquilo que a sua curiosidade colocasse na mira. O irreversível das partes sem todo; a corrosão marinha; o poder fatal do fogo: o que não tem mais jeito, remediado está... Funcionando como causa inicial de prováveis conjunções, a intervenção do real catalisa a vontade criativa, comprometendo o sujeito com seu desejo, decidido & desperto.

Iconografia religiosa usada sem sacramentos, altares sem paramentos, o reino deste mundo: o simbólico fora do sentido, a reboque de um resto inútil, porém digno de elevação a uma categoria sublime, só pela sua forma, base da imagem que fascina o olhar, esvaziada de conteúdo & chamariz do inconsciente. Destarte, a inspiração não vem de cima, da esfera das ideias, das musas ou de um sopro divino; muito pelo contrário, vem do lixão, das caçambas, das marés... *Ex nihilo*? A matéria antecede o espírito? A graça recebida viria de baixo? A *Coisa*: em si, para si ou para quem?

Motivado por uma sensibilidade ímpar, Farnese de Andrade teria sido herético pela redenção dos rejeitos da cultura; pela fruição imputável da providência; pela transmutação da banalidade do dia a dia em inquietante estranheza; pela apropriação indébita do poder criador que só os demiurgos manipulam sem risco. Em definitivo, pela originalidade & pela ousadia de ser o autor de uma sacrossanta arte profana; imunda, porém pia.

REFERÊNCIAS BIBLIOGRÁFICAS

ANDRADE, Farnese de. *Farnese de Andrade*. São Paulo: Cosac Naify, 2002.
Catálogo da exposição *A Casa e a Inteligência de Farnese* (24 abr. a 31 maio 1997), Secretaria Municipal de Cultura, Rio de Janeiro.
CESAROTTO, Oscar. *No olho do Outro*. São Paulo: Iluminuras, 1998.
COSAC, Charles. "Hábitos estranhos", in: *Farnese (Objetos)*. São Paulo: Cosac Naify, 2005.
COSTA, Ana. *Litorais da psicanálise*. São Paulo: Escuta, 2015.
MEICHES, Mauro Pergaminik. "Obsessão de um pensamento", Revista do *MAM*, São Paulo, n. 2, 1999.
LACAN, Jacques. *Seminário VII. A ética da psicanálise*. Rio de Janeiro: Jorge Zahar, 1988.

POR UMA CABEÇA

Em 2010, um colecionador comprou uma pequena tela retratando a cabeça de uma mulher. Intuindo que a pintura tinha sido cortada de outra maior, depois de muito procurar, acabou encontrando o restante da imagem, nada menos que o quadro *A origem do mundo*, de Gustave Courbet, pintor realista francês do século XIX.

Nos anos 1860, quando exposto pela primeira vez, o escândalo foi maiúsculo; censura & admiração trouxeram fama & infâmia para sempre, ainda que logo desaparecesse dos olhos do público, adquirido várias vezes por diletantes que o esconderam para seu exclusivo gáudio autoerótico. Também foi roubado, traficado, cobiçado pelos nazistas, entre outros lances rocambolescos da história da arte ocidental. Durante um tempo, foi posse & propriedade oculta de Jacques Lacan, que só mostrava para os mais íntimos aquilo que escondia atrás de uma gravura de André Masson, seu parente por aliança. Pelos desígnios do direito sucessório, faz alguns anos que o trabalho pertence ao Estado francês, pendurado agora numa instituição museológica oficial. Num triz, no imaginário comercial, virou pôster, camiseta, ímã de geladeira & 1.001 itens de consumo.

De repente, virou quebra-cabeça, com a restituição da cabeça, não quebrada, mas decepada. Teria sido uma grande tela, apresentando a *maja desnuda* completa, mais tarde decupada, para ser editada da maneira em que foi dada a conhecer. Incrementando a *gestalt*, aparece agora sua verdadeira identidade, *uma* mulher, ela, reconhecível pelo rosto. Antes, o anonimato da dona deixava em destaque, foco & enquadre sua *bucetolinâcea*, tão inequivocamente genérica que valeria para todas as fêmeas da nossa espécie. Contrariando seu futuro dono psicanalista, *a* mulher existe, sim, paradigmática & factual, quando *todas* podem ser representadas por um traço comum, a caverna de Plutão; melhor dizendo, de Afrodite, apenas o real do género.

Era assim, nos tempos daquele artista & sua modelo. Hoje, vulvas estão disponíveis na ponta do bisturi. (Ver, dirigida por Pedro Almodóvar, *A pele que habito*, sem cortes; melhor, com cortes!) No passado, muitos homossexuados fugiam da *perseguida*, como se a dita-cuja perseguisse no real. No presente, foi ampliada a série das equivalências simbólicas apontadas por Freud: pênis-criança-fezes-dinheiro-presente.[1] O pênis que se tem desde criança pode ser dado de graça & ser jogado na privada, com a operação paga pelo demandante ou por serviços de saúde, públicos ou privados. Troca-troca, uma vaginoplastia novinha em folha, virgindade inclusa!

Deixando os simulacros em 3-D, atualíssimos, as duas dimensões clássicas da pintura foram suficiente para dar à imagem uma ilusão realista. Apesar de plano, esse quadro tem relevo; pelo menos, na mestria como foi pintado, o efeito faz com que o espectador se defronte com o enigma daquela mulher. Todos sempre tiveram a impressão de que ela tinha acabado uma acrobacia venérea que a teria deixado relaxada, muito à vontade consigo mesma, grata pela visita. Especialistas de diversas áreas, tanto críticos como médicos, apontaram que a curva da cintura manifestaria uma gravidez incipiente; bem plausível, naquele momento pleno em que as pulsões de vida fizeram a festa & ainda sobrou libido para sublimar & semear na cultura.

A nova peça que ilumina a cena mostra a satisfação feminina no seu esplendor, não toda. Ela, feliz à sua maneira; ele, enquanto espera uma próxima ereção, lhe rende homenagem, fazendo outra coisa. Quando finalizado, aquele corpo totalizado foi mutilado. Pode ter sido para preservar, pudicamente, a reputação de quem tão impudica tinha se mostrado, eternamente oferecendo o mistério da vida à plena luz. Todavia, eliminando a parte de cima da composição, todos os olhares ficam centrados nos bosques do monte de Vênus. Em todos os casos, o

---

[1] Sigmund Freud, "Sobre la transmutación de las pulsiones, especialmente del erotismo anal" (1917), in: *Obras completas*. Madri: Biblioteca Nueva, 1970.

resultado, longe de apontar alguma carência, pelo contrário, desborda exuberância: a imagem de um corpo incompleto multiplica seu poder como fetiche visual.[2] A castração não é negada; eis aí a diferença sexual, escancarada, porém, embelezada, fascinante, extrafálica & carnal.

O quadro não é só imagem, pois o título amarra a produção como um todo, ganhando sentido. *A origem do mundo*: a ousadia não é apenas desfraldar o nunca mostrado em público desde o paganismo, declarado obsceno depois, apenas visível na pornografia. Sem dúvidas aqui está a verdadeira origem da vida humana: por aí saímos todos. Do ponto de vista biológico & ecológico, nada mais natural. Mas, como se conta que Eva vestia uma folha de parreira desde priscas eras, nos afrescos de Michelangelo na Capela Sistina, as vergonhas do primeiro casal ganharam piedosa cobertura botânica, ocultando o figo & a figa.

Defunto o latim, perdeu-se a surpreendente etimologia da palavra "mundo", significante de significados abrangentes. *Mundus, i* (substantivo masculino): *Céu*, firmamento, universo. *Mundum, i* (neutro): *Todo tipo de ornamento & enfeite das mulheres*. Os romanos sabiam que as estrelas eram femininas & as mulheres, enfeitados buracos negros, causas primeiras de falos apontando para o céu, as antenas da raça. Como consequência, o tesão desperto; a seguir, as vias de fato. Ao mesmo tempo, o mundo humano, o único que nos diz respeito por fazermos parte dele, é vivido imaginariamente como *concepção do mundo* (*Westalschuung*, no alemão de Freud). Junto vem a ideologia; com ela, a estética, a maquiagem que o real exige para ser suportado. No espelho celeste, são projetadas as aparências humanas idealizadas, o cosmos & a cosmética, a beleza & a harmonia, para afastar o caos da realidade terrena. Todavia & segundo Lacan, "*O real não é o mundo*".[3]

No final das contas, conta o citado, importa o que elas contam delas, esperando escutar, como Freud & todos os analistas, associações & depoimentos de primeira mão sobre o infinito feminino & seus recôncavos. Enquanto isso & em cena aberta, as vaginas monologam & se

---

[2] Massimo Canevacci, *Fetichismos visuais: Corpos erópticos e metrópole comunicacional*. São Paulo: Ateliê Editorial, 2008.
[3] Jacques Lacan, "La troisième", *Lettres de l'EPP*, Paris, n. 16, 1975.

homologam; todas igualmente diferentes entre si, a mesma coisa, *das Ding*. "*Conchas como castanholas, como tampas de panela, como ostras semiabertas, como vagens de pelica, um sorriso vertical & o gozo em espiral.*"[4] A contribuição lacaniana no congresso sobre a sexualidade feminina[5] em Amsterdam, em 1960, consistiu na proposição de diretivas sobre os pontos cegos do assunto. Depois da introdução histórica & da definição do tema, estes eram alguns subtítulos: *Brilho das ausências; A escuridão sobre o órgão vaginal; Desconhecimentos & preconceitos; A frigidez & a estrutura subjetiva*, entre outros.

Por uma xota, um homem é capaz de perder a cabeça. As portadoras das portas preferem deixar entrar quem bate de dentro, do coração. Sabe-se, por fim, a identidade daquela que tanto curtiu, como seu rosto confirma: Joanna Hifferman, irlandesa residente em Paris, geneticamente ruiva. Isso explica a tonalidade vermelha da sua flora pubiana, cobrindo, entre gemidos de prazer, a eloquente mudez daquele enigma que as palavras não atingem.

---

[4] CES Oscar Cesarotto, *O verão da lata*. São Paulo: Iluminuras, 2005. AROTTO, Oscar – *O verão da lata* – Editora Iluminuras – São Paulo, 2005.
[5] Jacques Lacan, "Ideas directivas para un congreso sobre la sexualidad femenina", in: *Escritos*. México: Siglo, 1971.

TPM (TESÃO POR MULHERES)

Anos há, um poeta disse que a mulher era o futuro do homem. Demorou. O futuro já chegou, com os homens sendo agora o passado das mulheres: tudo o que eles fazem, elas também são capazes, igual ou até melhor. O parque humano, composto por dois grandes grupos, sempre dividiu os afazeres da vida cotidiana: uns labutavam, outras pariam; dominava-se o mundo com o suor da testa, enquanto a dor alumbrava a existência, dentro de casa.

Num novo milênio, as conquistas femininas extrapolam o âmbito doméstico, abrangendo o planeta; ao mesmo tempo, o corpo de cada uma é reconquistado em causa própria. A medicina muito tem contribuído para harmonizar períodos & vontades, possibilitando ou impedindo a perpetuação da espécie, liberando das regras & suas exceções. A histeria (do grego *hysteros*, útero), como Freud demonstrara, é uma estrutura psíquica, para além do órgão, tanto que existe em versão masculina. Historicamente, porém, no comunismo soviético, quando todos desempenhavam as mesmas tarefas produtivas, as camaradas eram dispensadas de dirigir tratores, para que a vibração não afetasse as funções reprodutivas. Respeito à diferença, não discriminação.

Hoje, nos Estados Unidos, são mais as trabalhadoras do que os operários. Não que eles sejam zangões, é que perderam o que elas ganharam. O desemprego joga os homens na rua, ou para dentro de casa, para serem os reis derrocados do lar: na crise atual do capitalismo apátrida, consolida-se o matriarcado perante o declínio da figura do pai, humilhado pela inadimplência. Casamentos acabam quando a carteira assinada vale mais que o papel passado; como sempre, as novas configurações familiares dependem de quem traz o leitinho para as crianças.

Em outras terras, a paternidade é reconhecida pelo Estado com meses de licença-prêmio para crescer junto com o rebento: com humildade, assim caminha a humanidade. A oportunidade de ficar no ninho propicia que o macho vire coruja, para felicidade geral da prole & noites de choro melhor distribuídas. Com essa previdência social, todos se beneficiam, podendo enternecer, mas sem perder a virilidade. As próximas gerações agradecem.

A grande questão, entretanto, é quem veste as calças; antes, o que tem por baixo. Para a fecundação, a tecnologia dispensa a penetração, outrora patrimônio & orgulho dos que não apenas produzem a semente, como também realizavam o *delivery in loco*. Tomara que não se percam certos costumes ancestrais, como fazer neném à moda antiga, ou brincar de kama sutra, ou pecar sem conceber, o céu não tem limite. O risco, mais do que a mulher ser o novo homem, é de que o novo homem, o proletariado do consumo, não possa dar no couro nem dar conta do recado sem Viagra ou cartão de crédito, na nostalgia do ferro nas bonecas...

TRÊS VERGONHAS SACANAS

I. APOLLO 11

Em 1907, nos bastidores do anonimato, foram publicadas duas noveletas consideradas eróticas por alguns; para outros, pornográficas: *As onze mil varas* & *As aventuras de um jovem Don Juan*. Enquanto a segunda era diretamente inspirada nas *Memórias* de Giacomo Casanova, o famoso amante latino, a primeira condensava outros autores, também mestres na volúpia & na devassidão.[1] Em destaque, o Marquêws de Sade, cujas obras, inéditas até então, seriam lidas & publicadas por Guillaume Apollinaire, na clandestinidade daquele tipo de literatura que não ousava dizer seu nome.

Na virada do século & até a Primeira Guerra, nas capitais europeias, Leopold Sacher-Masoch era um best-seller que transformava maliciosamente seus gostos pessoais em boa literatura, com caraterísticas inusitadas. Além de grande sucesso, teve a consagração do seu nome na boca do povo, batizando um tipo bizarro de amor, não isento de gozosa submissão & sensuais sofrimentos. Entretanto, na fatalidade de um casamento arranjado, o *masoquismo* faria par com o *sadismo*; pelo menos, na taxonomia dos sexólogos da época. Em 1905, nos *Três ensaios para uma teoria da sexualidade*, Freud endossava tanto as denominações quanto a oposição complementar desses tropos da libido. Em 1916, nas *Pulsões & suas vicissitudes*, ainda utilizaria o binômio para pensar a passagem da atividade para a passividade; essa fundamentação seria revertida apenas em 1924, no *Problema econômico do masoquismo*, para situar a dependência ao desejo do Outro, no dizer de Lacan, como marco zero do desamparo & da alienação.

---
[1] Guillaume Apollinaire. *As onze mil varas ou Os amores de um hospodar*. São Paulo: Iluminuras, 2016.

Apollinaire foi leitor de todos eles: Sade, Masoch, Havelock Ellis, Krafft-Ebing, Freud... Como síntese de tantas ideias, fantasias, noções & conceitos, suas ficções foram feitas propositalmente para excitar, em livretos destinados a serem lidos com uma mão só. Sua escrita recolhe, como seus mentores, inúmeras variações de um Eros humano, demasiado humano; animal também, nunca longe de Tânatos. Por isso, a crueldade, como um tempero, apimenta as cópulas, temperando o caráter dos libertinos, ávidos & capazes de tudo. Seu personagem principal, destemido, abusa & se deixa abusar; *versátil*, seria chamado nos dias de hoje, se vivente fosse...

Entretanto, deve-se a Deleuze o destrinchar excludente entre o sadismo & o masoquismo.[2] Com efeito, contrariando o óbvio, cada uma dessas bossas nada teria a ver com a outra, pelo menos no que se refere à leitura paradigmática de cada um dos mencionados. Tanto Sade quanto Masoch, redigindo seus fantasmas, fizeram seus leitores fruir de maneira diferente. Para além da reversibilidade, a dor, como causa do desejo, não é indiferente se for aplicada a algum outro ou que dele se receba, querendo ou não. Em ambos os casos, o corpo erógeno reage, dependendo do limite do interessado, deslocando a intensidade no sentido contrário. Porém, assim como o sadismo impõe a sua vontade imperiosa, o masoquismo demanda domínio ativo na passividade. Nenhum contrato os contentaria mutuamente; cada um, na sua.

Assim, o epígono das *onze mil varas*, Mony, é Uno, sintetizando todas as pulsões, sodomizado desde o início da sua saga, porém heterossexual, a ponto de também fornicar fofos fiofós femininos. Perverso, polimorfo & prepotente príncipe, suas ereções violentas o levarão para baixo da terra, na erosão do soma, metaforizado depois num memorial de mármore; rigidez póstuma de grosso calibre, derradeiro prêmio de consolação perante uma promessa não cumprida: onze mil picas, varando o vento, desflorariam onze mil virgens? Ou seriam esses tantos caralhos & vergalhos que tirariam a sua vida; tesudos no varejo, fatais varadouros no atacado? Nipônicas, as vergas extrapolam conflitos bélicos, punindo

---

[2] Gilles Deleuze, *Sacher-Masoch: O frio e o cruel*. Rio de Janeiro: Jorge Zahar, 2009.

quem ousou levar na traseira na esportiva, sem conseguir, no entanto, dar conta da série de buracos, orifícios & grotões que a sua própria vara deveria ter preenchido, em cada uma das mulheres que colocaram a sua masculinidade em xeque.

Erotização da dor; elasticidade dos esfíncteres; fartas carnes; poderosas ejaculações: sangue, suor, sêmen & cocô. O herói, apolíneo, dionisíaco & cristão, morre no final. Isso seria inadmissível para Sade, defensor da prosperidade do vício. Já Masoch, pela via da servidão voluntária, estaria sempre mais perto do martírio & do sacrifício que da orgia & do descontrole. Para Apollinaire, quem pela vara vive, por esta acaba. Melhor dizendo, o chicote, instrumento fálico por excelência, pode exacerbar a sensibilidade epidérmica, como também açoitar sem piedade a escravidão de quem não consegue nem quer se safar. Letais, plurais varas ejetaram o príncipe para além do princípio do prazer, enquanto uma única, a própria, jamais espocaria a totalidade das virgens: potência garantida; insatisfação, mais ainda.

No final do opúsculo, mulheres que não são viúvas se refestelam fodendo entre elas, a sobrevivência das mais fortes. Vagabundas de bundas vagas, varando as noites para validar penas & pênis, gozando adoidadas, vampiras no varal. Setas & bucetas, borras & porras, espasmos & orgasmos, o céu não é limite, viragos onze mil...

II. COM & SEM VERGONHAS

Nos últimos anos do seu seminário, Jacques Lacan comentou, com sorna, aquilo que nunca teria acontecido: a psicanálise inventar alguma perversão inédita ou, talvez, outro pecado original. *Encore*, na televisão, ainda esperava, suspirando com Rimbaud, que um *novo amor* desse um jeito na ausência da relação sexual...

O diretor norte-americano John Waters não precisou ser lacaniano para filmar, em 2004, *A Dirty Shame*; *O clube dos pervertidos*, no Brasil, direto para as locadoras. Mas teria sido bem freudiano por mostrar um insólito cardápio de *psicopatias sexualis*, na atualização, para um novo século, do primeiro dos *Três ensaios*. Em português, o título é superegóico;

em inglês, politicamente correto. No deboche dos melindres contemporâneos, isto é, da correção política, as "perversões" capitalistas, adultas & consensuais, colocam em xeque tanto os limites da moral quanto da democracia. *O tempora, o mores? Noli me tangere!*

Desde sempre, John Waters foi infame; famoso, só depois. Autor de uma filmografia indecente, antes *underground*, foi se tornando conhecido do grande público após o sucesso de *Hairspray* (1988), *Cry-Baby* (1990), *Mamãe é de morte* (*Serial Mom* – 1994), *Cecil Bem Demente* (*Cecil B. Demented* – 2000), graças à colaboração de atores & atrizes de boa reputação, junto com outros seres ímpares & bizarros, um panteão permeado de anormais & extraviados, a serviço do seu talento criativo, provocador & transgressor. No filme mencionado, esforçou-se para imaginar um novo ato sexual, um exercício de amor físico novinho em folha. Vejamos:

Sylvia, sexualmente insatisfeita & sempre mal-humorada, apesar de Vaugh, seu marido insinuante & disponível; sua filha Caprice, portadora de enormes seios, louvados pelo seu fã-clube; Big Ethel, sua mãe, indignada com a vizinhança liberal demais & beata perante tantas imoralidades. O bairro, que já foi pacato, agora abriga moradores devassos; como de praxe, situado na cidade de Baltimore, cenário autobiográfico do diretor.

A dona de casa vive atribulada, cuidando de sua loja & vigiando a filha, em prisão domiciliar por conduta indecorosa. A vida de Sylvia vira de pernas para o ar quando ela sofre uma pancada na cabeça num acidente. É socorrida pelo motorista de guincho Ray-Ray, na verdade, um competente guru sexual, que a introduz num grupo de perversos polimorfos muito contentes de satisfazer suas pulsões & desejos mais íntimos, sem pudores. A tensão & o tesão que então experimenta a fazem sentir viva & ousada, assediando desde o marido até qualquer um, na demanda de ser satisfeita do modo preferencial, bucogenital. De repente, o erotismo que parece tomar conta de toda a comunidade produz, dialeticamente, uma reação proporcional. Liderados por Big Ethel, mãe, avô & matriarca, uma porção de vizinhos se declaram "assexuados", melhor dizendo, "neutros" (*neuters*), sem gênero nem vontade, planejando uma campanha para denunciar a sordidez & promover a castidade. A partir daqui, sucederão idas & vindas, vitórias & derrotas das forças repressoras & dos cidadãos libidinalmente libertos.

Entretanto, entra em jogo algo que vai além da simples insurreição pulsional: para uma verdadeira revolução dos tabus, precisará ser desenvolvida uma façanha sexual, transcendente & radical. Ray-Ray confia na capacidade de Sylvia ser o paradigma encarnado, após a concussão que a despertou para o gozo. *Eureka!* Um croque bem dado na cabeça corresponderia à função do orgasmo preconizada por Wilhelm Reich, ademais de localizar o ponto G no cocuruto! A boa nova: testa com testa, batendo de frente, ambos participantes atingem o acme do prazer, o paraíso percutido, *knock out*.

Também merecem destaque as *aberrações sexuais* pós-freudianas & pós-lacanianas preliminares ao clímax, da suruba & do filme:

Misofilia: Atração lúbrica por sujeira.

Adulto neném: Regressão lúdica à organização pré-genital.

Sanduba humano: Uma mulher, prensada entre dois homens nus & famintos.

Família Ursa: Coletivo de homossexuados obesos & peludos.

Sploosh: Fetiche inglês. Desejo de despejar comida sobre os locais íntimos.

Anorexia sexual: Desinteresse pela manducação erétil.

Neutralidade carnal: Anulação dos impulsos da sexualidade, com ajuda do Prozac.

No final apoteótico, Ray-Ray, mestre & messias, eleva-se ao céu. Seu corpo inteiro, transformado em falo, supera a lei da gravidade, com sua cabeça ejaculando ecumenicamente sobre os personagens, a câmera & os espectadores deste lado da tela. THE END. *Happy wet end*. Por fim, o novo ato sexual foi realizado por alguém especial, *Aquele* aquém & além da castração; pelo menos *Um*, cujo poder vale para todos, como transferência & ideal. Alguma vez jorrou sangue do Ungido; nos dias de hoje, pinga sêmen lá de cima...

Missão (impossível) cumprida? Em termos cinematográficos & contra ideológicos, *okay*, vale a pena assistir & dar muita risada. Na procura do Bem Supremo, o *goal* & o graal, ainda sobra muito a desejar. O Kama Sutra proposto, *tête-à-tête*, não passa de uma formação de compromisso, sintetizando escândalo & recalque. Não há relação sexual parece ter sido lido ao pé da letra, pois no filme tem de tudo, menos penetração. De fato, o que o matema psicanalítico afirma é a não proporção entre os sexos, diferentes no real da anatomia & distintos na sexuação. Mas, para Waters, todo mundo é simétrico, apenas parceiros hermafroditas que gozam autoeroticamente de forma chocante. A pancada erógena não deixa de ser um traumatismo craniano, que parece afetar mais o cérebro que os genitais; por isso mesmo, pode ser praticada sem tirar a roupa. Em definitivo, uma perversão puritana, sublime & pasteurizada. Para ficar na mão, uma vergonha limpa, ironicamente correta.

III. HOMENS COM *ÁGALMA*

É um pássaro? É um avião? Não! É Superman!

Numa longínqua galáxia, regida por um sol vermelho, Kal-El foi desmamado na marra quando seu planeta, Krypton, explodiu. Pouco antes, seus pais, Jor-El & Lara, o colocaram num foguete, para salvar sua vida, como Moisés. Caindo na Terra, ele foi recolhido & adotado pelo casal Kent. Aqui, graças ao amarelo do sol, ganhou superpoderes, usados na preservação da ordem & do progresso. Esse foi o mito do nascimento do herói, junto com seu romance familiar.

Sem ser esquizofrênico, desenvolveu duas personalidades. Na vida cotidiana, era Clark Kent, repórter do *Planeta Diário*, tímido & virgem de tudo. De repente, quando a ocasião requeria, corria para o banheiro, abria as roupas & saía voando. A equação corpo = falo anulava a lei de gravidade & sua força extra-humana ficava a serviço da gravidade da lei. Invencível & indestrutível, o Homem de Aço era o *cazzo* em pessoa! Capaz de tudo, o ideal do eu de qualquer pacato cidadão, novo ou velho. Potência total!

Um porém ou até dois: restos do planeta natal também chegaram no nosso, como *kryptonita*, nas variedades verde & vermelha. A primeira seria a causa da angústia, da perda dos poderes, da morte. A segunda, de efeito psicodélico & imprevisível, poderia subverter o sujeito cartesiano, dialetizando seu desejo, para além do bem & do mal.

Outro porém, ainda maior: aparentemente heterossexual, *Esperman* nunca conseguiu se dar bem com as mulheres. Na adolescência, com Lana Lang; já adulto, nem com Lois Lane, jornalista, nem com Lori Lemaris, sereia. Todas elas, uma por uma, marcadas pela instância da letra L, inicial de Lara, seu críptico supereu maternal arcaico, profundamente perdido...

(Continua)

* * *

Reza o ditado que o Dia das Mães cai nove meses depois do Dia dos Pais. Quem ri por último, sorri para sempre, mesmo que ser mãe seja sofrer no paraíso; para isso, os filhos varões serão seus gozos eternos, aquém & para além de qualquer marido. Os rebentos são o consolo da inveja que nenhum pênis poderia indenizar, na equivalência simbólica que permite o imaginário desde o real da reprodução sexuada. Os filhotes da fêmea humana, ungidos pela libido & lambidos pela *alíngua*, tornam-se objetos da publicidade dos produtos Johnson & Johnson. Destarte, com Narciso se espelhando no seu olhar, a mãe se torna fálica por natureza & direito adquirido.

A razão ocidental & cristã foi formatada em torno de um enigma: *Quem veio antes, o ovo ou a penosa?* O cúmulo do sentido, como diria Lacan, oculta a cacarejante ausência do galo, doador da *gala*, declarado prescindível depois de tanto *galinhar*, pisando forte & partindo para outra. Os pintinhos enchem de orgulho a senhora sua Mãe, protegidos sob suas asas, debaixo das saias. Aqui se faz necessário afinar os códigos intersemióticos: Nos Estados Unidos, o órgão masculino é carinhosamente apelidado de *cock*; no Brasil, de *pinto*. Na Espanha, é chamado de *polla*, enquanto "saia" se diz *falda*; na Argentina, onde este livro foi escrito, *pollera* quer dizer "saia"... *Pollerudos,* seu verdadeiro título, foi vertido como *Filhinhos da Mamãe,* por falta de melhor solução.[3] Isso levanta uma perdiz: as línguas carentes de um significante específico corresponderiam a culturas isentas das mazelas aqui descritas? *Por supuesto que no!*

Sim, pode ser dito que os autores são *porteños* até a medula, psicanalistas de profissão, formados no tango, por ócio & ofício, destros na escuta do espanhol, do castelhano & do lunfardo, a gíria de Buenos Aires. Seus escritos, *mano a mano,* compõem um texto único, fruto, casca & caroço da prática clínica. Os relatos, em princípio, locais, revelam-se não só internacionais, ao serem lidos em outros idiomas, mas também universalizáveis, porque a tortuosa simplicidade da sexualidade masculina, sem ser idêntica a si mesma em todos os casos, apresenta, para todos os portadores de ovos, iguais riscos & incertezas, oriundos das complexidades edipianas & da castração. Como mãe só tem *Uma,* leitores & leitoras poderão reconhecer o paradigma da masculinidade em xeque nos exemplos escolhidos, antes histórias do que prontuários, construções em análise, estórias e não *anamnesis.*

Na atualidade, a psicanálise é criticada por não oferecer estatísticas que comprovem, quantitativamente, sua eficácia, segundo os cânones das ciências positivas. Desde sempre, foi acusada de não mostrar, por escrito, provas suficientes da qualidade dos tratamentos & procedimentos. Não adianta argumentar que a arte da interpretação pouco se presta a medidas ou protocolos: o desafio de expor a experiência & suas consequências obriga aos analistas a soltar o verbo; no entanto, qual seria o limite ético da eventual abertura do segredo profissional, em prol da comunicação pública? Como narrar a clínica, dando conta dos seus sucessos & percalços? Como se contam os causos?

Podemos rememorar a saga freudiana. Datam de mais de um século as primeiras preleções sobre o caso *princeps,* Anna O ou Bertha Pappenheim, paciente de Joseph Breuer; depois, as histéricas estudadas: Emmy de N., Miss Lucy R., Elisabeth de R., Catarina... Em relação a esta última,

---

[3] Sergio Rodríguez e Ricardo Estacolchic, *Filhinhos da Mamãe: Destinos da sexualidade masculina.* Salvador: Agalma, 2014.

seja lembrado que a versão oficial do caso, publicada em 1895, teve uma coda quase trinta anos mais tarde. Com efeito, em 1924, Sigmund Freud achou por bem abandonar a discrição, para confessar ter originalmente distorcido uma informação fundamental, por razões pudicas. Assim, ficamos sabendo que não foi o tio quem fez mal à moça, senão o pai, nada menos! *Veritas, quae sera tamen*? O que fazer, a partir daí, com o engodo prévio? Qual seria seu valor científico? Na mesma época, por ocasião da publicação das grandes cinco análises, numa introdução, seu autor dizia algo bastante significativo: comentava que seus colegas, descrentes da seriedade da psicanálise e ávidos de fofocas picantes, esperavam a divulgação dos seus historiais para lê-los como se fossem *romans à clef*, "*destinados aos seus particulares divertimentos*". Era evidente que ele não ignorava essa contingência, ou seja, ficava atento ao efeito que a sua casuística provocaria nos leitores. Por isso, então, tergiversava?

Em se tratando de Jacques Lacan, as dificuldades teriam sido parecidas, também diferentes. As boas línguas comentam que ele nunca publicava nada do seu trabalho para evitar que os pacientes pudessem ser reconhecidos. Já as más aproveitam a deixa para criticar, dizendo que o jogo lacaniano nunca foi mostrado, que o lacanismo é exclusivamente teórico, nada terapêutico etc.

Retornemos a Freud. Nos *Estudos sobre a histeria*, tanto tempo atrás, advertia: "*... causava-me singular impressão que os meus historiais careçam de um estilo científico mais severo, e apresentem, em troca, um aspecto literário*". É desse jeito que passa o camelo pelo olho da fechadura. Quando o analista fala da sua prática, ele pode, muitas vezes, ser objetivo & dessubjetivado. Contudo, ao contar um caso, tomando todos os cuidados, talvez precise metamorfosear o semblante, priorizando o sujeito do inconsciente para além da identificação do cliente em pauta. Como fazer isso sem falsear os dados?

Nesse ponto, querendo ou não, o artifício utilizado corresponde ao campo das ficções, predicados que só se sustentam em função das convenções dos seus enunciados conjecturais. Transcrever uma análise acaba sendo uma criação cabal & literal cujo relator-escriba, tentando metaforizar o que foi ouvido & perdido, monta um roteiro particularíssimo, verídico, ainda que fictício, embora legível porque organizado segundo os usos da língua. Inevitável fórmula de compromisso, mesmo eclipsando a versão fenomenológica sob as leis da sintaxe, a prudência ética & as benesses da etiqueta, fará sempre, de toda & qualquer descrição, uma hipótese sobre o fantasma. Mas, de quem? Tanto faz, enquanto transpareça, nas entrelinhas, o meio dizer da verdade, estruturada segundo a linguagem. Todavia, um preço tem de ser pago: tal literatura deve ser verossímil, como condição para que a ficção possa ser científica...

Boa leitura!

O MOSTRUÁRIO DOS TERRORES DA TERRA

No Halloween, típica festividade dos países nórdicos implantada no hemisfério sul pelo neoliberalismo globalizado, uma boa quantidade de cidadãos das grandes cidades, aproveitando a deixa, saem nas ruas fantasiados de maneiras esquisitas, curtindo a data. Seria uma orgia do mal, sem anjos nem fadas, versões da própria imaginação ou figurinos hollywoodianos dos *famous monsters* do cinema, o nosso pano de fundo mental colonizado? De todo modo, as crianças gostam muito, na domesticação da angústia de perceber que a nossa espécie & família são mortais, de morte morrida ou matada. Pior ainda: não apenas elas, mas também os pais, tão poderosos quanto frágeis, poderiam ser exterminados por um...

... *monstro*. Ainda bem que, nos supermercados, ao alcance do preço, exista um novo "suco", lançado há pouco: *DETOX MONSTRO*. Na atualidade, as sociedades de consumo & do espetáculo mudaram completamente a significação de um termo que antes costumava nomear algo horrível, mas que hoje é apresentado de formas bem diferentes das prévias: aquilo que era terrível virou conhecido, familiar, íntimo & êxtimo ao uníssono.[1] Dialeticamente, então, até a nossa própria prole poderia ser sinistra (ainda mais se o seu patronímico for *Addams* ou *Munsters!*). Freud já falara disso, muito antes da indústria cultural, destacando o fato de as palavras poderem ter duplos sentidos; inclusive, opostos.[2]

Mostrar quer dizer *dar a ver*, mas nem tudo deveria ser visto: o limite é a categoria do *obsceno*, o que nunca deveria aparecer em cena aberta,

---

[1] Sigmund Freud, *Lo siniestro* (1919). Buenos Aires: Ediciones Noé, 1970.
[2] Id., "Sobre el doble sentido de las voces primitivas" (1910), in: *Obras completas*. Madri: Biblioteca Nueva, 1970.

seja por motivos morais, estéticos ou ideológicos. Todavia & desde priscas eras, primeiro como transmissão oral de estórias & lendas, depois, potencializados ao infinito graças às manhas das artes visuais & dos efeitos especiais, os exotismos tomaram conta do palco, da programação & da imaginação. Em outras palavras & imagens: Michael Jackson não precisou morrer para ser um *walking dead*; junto com sua música & estilo único, merecedores de aplausos póstumos, o segredo do seu sucesso foi *parecer um zumbi* para ser exitoso. Pouco adiantou, mais tarde, se passar a limpo, tentar virar pai & branquear o semblante: quem quer ser visto como um monstro, com certeza consegue!

Aquilo que era para assustar & desagradar, agora virou campeão de audiência & modelo de identificação. Frankenstein, o proletário mecânico; Drácula, o paradigma do elitismo & do parasitismo social; a Múmia, a realização de desejos pendentes ao longo de milênios; o Lobisomem, um cidadão animal & pulsional, contrário à civilização nas luas cheias: todos eles, marginais & deletérios; fascinantes, porém, perigosos, nítida & notadamente antissociais. Entretanto, todos esses, emblemáticos, aliados a uma legião de réplicas & versões, são coisas de um passado remotamente recente, porque já estamos no amanhã; como dizia Manoel de Barros, *"Antes era pior; depois, foi piorando"*.

Até pouco tempo atrás, havia um cardápio de monstros à disposição do freguês nas locadoras (que não existem mais). Doravante, qualquer um pode ser um, já que os clichês, arquétipos & mascaradas estão fartamente disponíveis para o parque humano. Como saber de tudo o que existe por aí, seja nas trevas ou à venda como fantasias inofensivas? Aqui começam os méritos do trabalho de Adriano Messias de Oliveira.[3] Nestes "tempos interessantes", há tantos espantos novos em folha que, em primeiro lugar, devem ser descritos, analisados & recenseados enquanto frutos recentes de produção massiva: feios, sujos & malvados, agora povoam nossos sonhos & realidades urbanas, providenciando alguns gozos paradoxais, para além do (politicamente correto) princípio do prazer. Eis a

---

[3] Adriano Messias de Oliveira, *Todos os monstros da Terra: Bestiários do cinema e da literatura*. São Paulo: Educ; Fapesp, São Paulo, 2016.

questão: de que maneira os monstros fazem parte da nossa economia libidinal, gostando ou não deles?

Escrevendo este texto, escuto os Ramones cantando Cretin Hop, uma ode aos descerebrados; eles próprios & os seus fãs, carinhosamente apelidados de *pinheads*. De onde veio isso? De um filme clássico de... *monstros de verdade*: *Freaks* (1932). Com efeito, o seu diretor, Tod Browning, também do primeiro *Drácula* com Bela Lugosi, roteirizou uma história ficcional usando atores não profissionais; melhor dizendo, atrações circenses. Junto com os caracteres típicos, a Mulher Barbada, o Homem Sem Ossos, os vários anões de todos os sexos & demais, também estavam os oligofrênicos microcéfalos, *cabeças de alfinete*. Contudo, tanto o filme como aquele tipo de *rock'n'roll* são coisas antigas; precisamente, do século anterior, a nossa "antiguidade clássica". No atual, para além da imaginação convencional, há fruições desconhecidas para eternos medos: bizarro prazer em conhecer; vale a pena analisar como verdadeiros sintomas da cultura.

A exaustiva pesquisa aqui presente dá conta da prolífica & fantástica fauna que habita o *imaginário coletivo*, vulgo plateia; ou seja, todos os espectadores, a começar pelos mais baixinhos & os adultos que, destemidamente, ainda gostam de levar sustos pasteurizados. Há para todas as idades, para todas as preferências: nas fábricas de sonhos, a manufatura em série do cinema não para jamais, com novidades & reciclagens de criaturas consagradas. Como se orientar, seja para escolher ou fugir, no meio de tanta oferta & variedade? Bem, do mesmo jeito tradicional, com os *bestiários*, os catálogos de monstruosidades, gênero literário-classificativo existente desde priscas eras, com destaques diferentes em cada época histórica & sociedade. Podemos dizer, então, que Adriano realizou com muita competência duas tarefas simultâneas: nos termos do discurso universitário, sua tese organizou semioticamente o universo desses entes fabulosos que requerem estudo. Em assim fazendo, foi forjado um novo & inédito bestiário; necessário, porque no século XXI, de fato, os horrores podem ser bem reais, nunca antes vistos. O marco traumático do Onze de Setembro inaugurou a centúria com a violência, parteira da História, dando à luz insólitos terrorismos; desde então, os pavores noturnos nunca mais seriam os mesmos...

Enquanto retorno do recalcado, muitos medos vêm do passado. O futuro, entretanto, pode assombrar também, quando utopias insatisfatórias dão lugar a distopias ainda *"mais piores"*, como diria o poeta pantaneiro. É o caso paradigmático do *zumbi* na pós-modernidade. Antes dele, considerava-se, como o único mito original produzido na modernidade, a criatura do barão Victor von Frankenstein, batizada, metonimicamente, de o Prometeu da era das máquinas. Mas Ele era um ser sozinho & melancólico, preocupado em encontrar alguma Outra para namorar; frustrado, buscava se vingar do criador da sua solidão. Mal sabia que seria considerado, num tempo ainda para acontecer, como o precursor da condição pós-humana...

Os *zumbis*, pelo contrário, datam desde sempre; pelo menos, antropologicamente, no Haiti. Como o Haiti poderia ser por aqui, em qualquer território do capitalismo, os consumidores serão os candidatos certos para se comportar como mortos-vivos, assolando & azarando shoppings centers & condomínios, vivos-mortos com cartão de crédito. George Romero, pai de todos, foi interpelado, alguma vez, num *making of: Quem representaria, nos dias de hoje, o papel do zumbi, como alteridade absoluta?* O diretor, também ideólogo subversivo, respondeu que poderiam ser, por exemplo, os palestinos, os refugiados, os migrantes, tomados como epígonos do que não pode ser assimilado: humanos, demasiado humanos; monstruosos, porque diferentes.

Moral da História, de todas as estórias: monstros são os outros, por serem, mais do que semelhantes, diferentes: por não serem iguais, seriam perigosos, portadores de uma voracidade radical que destruiria o nosso narcisismo, ego & corpo, segundo suas vontades avassaladoras. Díscolos, os semblantes do Outro, capacitados para se satisfazerem tanaticamente conosco, também podem nos fascinar, no masoquismo gozoso das telas & dos disfarces, no *delivery* das intensidades, nos pesadelos *prêt-à-porter*...

HAPPY BIRD DAY!

Hipótese, tese & demonstração. Qualquer analista, analisante ou analisado pode conferir, por experiência própria ou casuística alheia: *Em grande medida, as demandas de análise acontecem na época próxima do aniversário das pessoas.* *Tyché* ou *automaton*? Estatística empírica, explicável pela psicanálise ou pela astrologia?

Na prática, caso por caso, todos são singulares, mas, para pensar o fenômeno num escopo supraindividual, é necessário fazer um pouco de história. Quando foi que começou o tempo? Alguma vez, faz bastante... Seu início teria sido a partir do fato de ser contado, contabilizado, formalizado, simbolizado. Milênios atrás, desde os sumérios, assírios & caldeus, cujos conhecimentos celestes não separavam astronomia, astrologia, cosmogonia & cosmografia. Artes semióticas, ciências dos signos, cuja rotação, moldada em tabuletas de argila, estreou a escritura.

Depois de Babel, cada cultura teve a sua folhinha. No Ocidente cristão, vigora o calendário gregoriano, politicamente correto, determinando o ano fiscal, independente de astros ou religiões. No seu berço cartorial, nascemos & morremos, nessa ordem. *Para nascer, nasci*, dizia Neruda, algum dia, na hora certa, em alguma anuidade nunca mais igual. No entanto, nos giros constantes do planeta, reincide a cifra certa da certidão, pontual & sazonal, aquilatando a cada vez. Na progressão da existência, os números que se repetem também se acrescentam.

No seminário XXI, Lacan comenta & desconstrói o ideologema do *viator*, típico do catolicismo: estamos aqui como viajantes, atravessando um vale de lágrimas; desde o primeiro instante, avançando em direção à morte, parada obrigatória, antes da baldeação para o céu ou alhures. Mas a vida entendida como uma via de mão única coincidiria com a estrutura inconsciente que nos faz sujeitos, isto é, responsáveis por atos & desejos que mudam o destino, ainda que escrito nas estrelas? Por isso & em síntese, as vicissitudes das pulsões podem ser cartografadas só depois, no *après coup* das vivências, pelas suas consequências.

Todos os anos contêm aniversários, de todos & de cada um. Mudam os dias da semana & os meses; todavia, os dígitos reaparecem. Signos & significantes, matéria-prima do simbólico, têm encontro marcado no real, retornando periodicamente, nunca deixando o imaginário indiferente. Com efeito, desde a tenra infância, a chegada ao mundo costuma ser lembrada & festejada, pelos outros & pelo próprio usuário. Um dia especial, para gáudio do narcisismo: presentes são ganhos, enquanto estudantes exigem bem merecidas folgas, querendo curtir uma jornada de prazer individual, pelo direito adquirido de estar vivo, sem obrigações. Quem trabalha, gostaria que fosse feriado; se houver comemoração, parabéns serão dados. Bom natal individual & feliz ano novo personalizado, *all in one, just for one!*

Nada, porém, garante *a priori* que tudo seja festa. Há um clichê que pode ser verdadeiro, dependendo das circunstâncias: algumas semanas antes da efeméride vindoura é preciso atravessar o *inferno astral*. Deixando as considerações teológicas de lado & as astrológicas para os que são daqueles ramos, vale a pena prestar atenção na dimensão clínica do sintagma em questão. Mais interno do que inverno, na véspera etária, antecipa-se o momento de conclusão da etapa previa à seguinte, ainda potencial. Então, inesperada & de forma simultânea, consciente & inconscientemente, a "instância superior", descrita por Freud como consciência moral, auto-observação, ideal do eu, supereu, realiza uma auditoria íntima.

O balancete dos dois últimos semestres & o balanço de toda uma vida podem ter deixado um saldo positivo ou pendências & frustrações, desejos não cumpridos & esperanças perenes. A autoestima – outro clichê – também depende do usuário, junto com a angústia. Nesse período, com frequência, acontecem muitas primeiras entrevistas, costumeiramente chamadas de *preliminares*, num duplo sentido: à análise & à maioria de idade. Mais para a frente, na continuidade dos tratamentos, nas sessões perto ou coincidentes com o natalício, quando solicitado, sempre seria possível para o paciente associar recordações interessantes, pois nunca falta assunto.

Os seres falantes suportam na carne a condição de sexuados & efêmeros. Viver é gozar, a mercê da libido, em vários sentidos, com todos os sentidos. Para além, por dentro & por fora, o real não cessa de afetar o corpo perecedouro, apesar do eu, como uma holografia psíquica indelével, se pretender eterno. Ainda bem que, assim como a morte cala, a vida solta o verbo. Desde os primeiros encontros com o analista, o convite a falar de si inaugura a escuta de uma nova narrativa que permitirá, na transferência, passar a limpo o futuro & finalizar o passado. Aquilo que já foi chamado de *retificação subjetiva* não consiste em percorrer uma reta, agora corrigida, na horizontal do divã. Pode ser pensada melhor, de maneira metafórica, na vertical, como *aprumação existencial*, desde que o sujeito se comprometa com a verdade dos seus desígnios, devidamente interpretados, elaborados & postos à prova pelos desafios do dia a dia. Crescendo, enfim, por conta & risco, numa contagem progressiva & regressiva que, antes mesmo de subjetivar a morte, vivifica & valoriza a vida vaticinando viçosas vertigens...

REAL

MORITURI TE SALUTANT

Xaymaca, terra das águas, na língua dos nativos arawak. Ou Jamaica, ilha "descoberta" por Colombo, portanto, possessão espanhola; depois, colônia inglesa &, por último, nação independente. Pátria do rum, do reggae & dos *rastas*. Os seguidores de Jah Rastafari levam uma vida simples, nas margens do mercantilismo. Comem & fumam aquilo que eles plantam, não bebem álcool nem refrigerantes, não consomem açúcar nem sal. Sem ser uma religião propriamente dita, pois não é institucionalizada, a fé rasta baseia-se na leitura da Bíblia; em especial, o Velho Testamento, não na versão oficial, senão numa tradução direta do aramaico, chamada de Holly Piby.

Embora descendentes diretos de africanos, eles se consideram judeus, remanescentes de uma das doze tribos de Israel após o êxodo. Seu símbolo é o leão de Judá, junto com a estrela de davi. Arrogam-se o privilégio dos levitas: não entram em cemitérios, nem têm contato com cadáveres. Não só: tampouco comparecem aos funerais, nem chegam perto de familiares ou amigos mortos. Tanatofobia? Indiferença? Negação maníaca? Entretanto, quando Bob Marley foi enterrado no lugar onde nasceu, a população acompanhou o cortejo cantando & dançando, celebrando a vida, com seus filhos se apresentando no show de despedida. *Jah lives, children, Jah lives...*

Na função & no campo da linguagem, os rastas desconstroem o idioma dos dominadores no *broken english* do Caribe, criando sua própria língua sincrética, o *patois*, nela expressando a sua concepção do mundo. Destarte, muitas palavras que em inglês soam como *death* são substituídas por neologismos que eludem a referência mortífera para expressar o contrário; por exemplo:

Dialect = Livalect
Dedicated = Livicated
Diatribe = Livatribe

Ecce homo, assim falava Peter Tosh, humano, *troppo* humano. Tanto cuidado com os significantes não evitou que cinco tiros calassem sua verve.

***

Depois do falecimento do seu pai, Laurie Anderson elaborou o luto numa bela canção que conta a origem do mundo. *No início, a terra não existia, só tinha ar. E no ar havia pássaros voando, sempre voando. Um dia, pela primeira vez, um deles morreu. Os outros não sabiam o que fazer com ele, pois não podia ser enterrado na terra que não havia. Então, ele foi enterrado na memória...*

***

Somos imortais enquanto estamos vivos. Da semente da qual viemos brotarão novas gerações, que talvez lembrem ou esqueçam seus antepassados. Estes podem ter virado adubo orgânico, enriquecendo o solo, ou pó, esparso pelo ar. Também podem estar guardados, para todo o sempre, no lugar consagrado ao eterno repouso. Os cemitérios, as cidadelas dos mortos, pariram as cidades: assim caminhava a humanidade, até se estabelecer. Foi por causa da agricultura ou da melancolia que os nossos antecessores pré-históricos abandonaram o nomadismo?

No Ocidente cristão, todo & qualquer crucifixo é a presença de uma ausência. A logomarca conta a história pelo fim, com o Natal eclipsado pela Páscoa. As curvas das estradas, às vezes, têm cruzes. Porém, ali não estão mais aqueles que estiveram antes, vivos, nem depois. No Memorial do Soldado Desconhecido, ninguém ocupa o túmulo vazio que conteria os anônimos que caíram por um mesmo ideal: uma chama que nunca apaga a todos representa. Que o símbolo seja a morte da coisa é a consequência da morte ser a causa do símbolo. *Levanta & anda!...* teria sido o único caso registrado em que o simbólico ganhou do real.

***

Todos os homens são mortais. Eu sou homem... eu seria mortal? Nada disso, diz o eu: sou infinito enquanto durar! O narcisismo não consegue ser o antídoto da morte, mas gostaria. Não faltam rituais ou arte funerária em todas as culturas conhecidas. Já a Cultura, descrita como o conjunto de palavras & imagens que organiza ideologicamente a imaginação dos seus participantes, tenta simbolizar o impossível até das maneiras mais improváveis. Como ilustração, cabe aqui a interpretação de uma polêmica obra de arte contemporânea do final do século passado. Em 1991, o artista britânico Damien Hirst apresentou um gigantesco aquário com um tubarão-tigre de cinco metros flutuando em formol, denominado *A impossibilidade física da morte na mente de alguém vivo*; esse trabalho poderia ser analisado segundo as tríplices perspectivas da semiótica de extração psicanalítica. O imaginário toma o lugar da *primeiridade*, no espetáculo inédito de um cetáceo numa galeria. Como *secundidade*, a materialidade sígnica da coisa em si, cuja deterioração era suspenso por uma química invisível. Na *terceiridade*, o título completa o conceito da montagem, introduzindo um sofisma óbvio no espectador: a cena, ainda que imaginável, só poderia sê-lo no espaço expositivo. Na presença, ao vivo & em direto, do predador no seu habitat, alguém seria comido na hora. Moral da estória: quando a vida é impossível, a morte é plausível.

***

Por falar na História com maiúsculo... Poucos foram os anos, nos últimos milênios, em que a nossa espécie curtiu amor & paz entre seus diferentes semelhantes. As guerras têm sido o esporte favorito dos povos, empenhados em desprezar os benefícios civilizatórios da sublimação bem temperada. Alhures, o mito individual do psicopata: Caim, o primeiro fratricida, inaugurando a morte matada, como alternativa à morrida. Esse gesto inaugural faria escola, tornado coletivo por exércitos, gangues & torcidas ao longo dos tempos, em lugar de fazer amor. Querer ou marretar o próximo & a próxima? No entanto, no final das contas, a demografia comprova que, apesar da agressividade & dos genocídios, Eros se diverte fazendo neném. A luta continua!

Na teoria freudiana, a luta é a dialética entre as pulsões, sempre em oposição, com a Discórdia precedendo à Harmonia. Se, inicialmente, a sexualidade contrariava a autoconservação, por último, Tânatos acaba enfrentando ambas, aliadas diante do empuxo ao inanimado. O prazer não é tudo na vida... Para além do seu princípio, não é a realidade que o limita, senão o gozo que o desborda, quando a quantidade em excesso deturpa a qualidade, transformando o que seria bom em algo pior, a paixão pela abolição, seja do outro ou de si próprio. Em ocasiões, isso foi chamado de sacrifício: no mundo antigo, das vítimas; depois, do pecador, isto é, de todos. O saldo, em todos os casos, é o mesmo: para aplacar as consciências, a santa paz dos campos-santos.

Freud vivenciou uma Grande Guerra, sabendo se retirar em tempo de driblar outra. Mas carregava consigo as sementes da sua destruição, o crescimento anárquico de suas células malignas. Conhecia o Amo Absoluto por ouvir falar, por testemunhar & por sofrer no corpo. Seu pensamento precisou de décadas para se firmar; contudo, na curva dos anos vinte, veio a "má nova" conceitual que ninguém esperava: a pulsão de morte, convidada de pedra. Desde então, não foram todos os psicanalistas que a aceitaram; ainda hoje, continua certa resistência à dita estraga-prazeres. Nunca, até agora, alguém ousou escrever os *Três ensaios para uma teoria da mortalidade*.

＊＊＊

Na perspectiva da clínica da cultura, a morte é um sintoma transindividual onipresente na psicopatologia da vida cotidiana, agravado pelo mal-estar causado pelo capitalismo, lesivo para a vitalidade dos cidadãos. Aqui & agora, ainda que a expectativa de vida tenha crescido, é mais fácil perder do que ganhar a vida. O assunto deste livro, amplo por natureza, passível de ser tratado pelo viés da sociologia e/ou da filosofia, também precisa ser historiado, com a concorrência de outros discursos & epistemes, começando pela psicanálise. Aqui reside o mérito & a consistência do trabalho de Clóvis Pereira,[1] que soube urdir a trama da doutrina com o drama da civilização, de forma instigante, capaz de levar o leitor a refletir sobre o futuro da humanidade, além do próprio. O inevitável do fim da vida coloca em questão a sua finalidade, seu sentido & norte. Impérios & religiões dão respostas no atacado, inapeláveis; todavia, no varejo, na *extimidade* do nosso ser, somos falantes; senão, nem seríamos gente. Também somos gozados, porque sexuados; teimosos, nos intuímos mortais, mas nada queremos saber d'*isso*...

---

[1] Clóvis Pereira, *Thânatos & civilização*. São Paulo: Annablume, 2013.

A PULSÃO DE DOMÍNIO

I. O PAI TORTO SEGUNDO A LEI

O fato de Sigmund Freud reconhecer a estatura intelectual de Charles Darwin não o impediu de se colocar à altura, listando as três grandes feridas narcísicas da humanidade, a começar por Copérnico: a Terra não era mais o centro, o homem era apenas um elo evolutivo; pior ainda, nem sequer dono de si mesmo.

Ele também quis conjecturar sobre os primórdios de uma espécie, a nossa, de maneira bem diferente a do biólogo, do paleontólogo, do arqueólogo ou até do teólogo. A partir da experiência clínica, construiu uma teoria geral do psiquismo, cujos desdobramentos coletivos o levaram a colocar os fundamentos da cultura em pauta. Mais vale um paciente no divã do que a saga da humanidade voando? Ou vice & versa? Não surpreende que uma das grandes questões do pensamento freudiano sempre tenha sido a correlação entre a filogênese & a ontogênese, a ser entendida ao pé da letra ou como metáfora.

Procurando as raízes da neurose, o pai da psicanálise deduziu a origem da civilização do único jeito que algo assim seria possível: através & por meio da ficção. Com muita imaginação, escreveu *Totem & tabu*, um texto altamente especulativo em que recriava o fim da condição animal pela via de um ato violento humano, demasiado humano & suas consequências. Embora Darwin fosse a influência manifesta, de forma latente era Hegel quem aparecia nas entrelinhas, ecoando Heráclito, seu antecessor & Marx, seu sucessor. O ponto em comum: a dialética como parteira da História.

É importante lembrar que o livro foi publicado anos antes da revolução russa. E muito depois da francesa: liberdade, igualdade, fraternidade

& guilhotina. No entanto, para um autor inclassificável como Norman Brown,[1] a verdadeira referência teria sido outra, um dos episódios fundadores da Inglaterra, quando os senhores feudais, cansados do despotismo de João-sem-terra, se uniram para pressionar o rei & reivindicar, pela força, um limite para seu poder. Todos assinaram um pacto constituinte, a Magna Carta, com o compromisso de serem pares do reino, sem prepotência. O reconhecimento mútuo superou a discórdia.

Todavia, Freud foi além, levantando hipóteses trans-históricas para entender a razão da implantação das leis & da obediência, as regras de convívio & respeito, o preço a ser pago pela paz social & os sacrifícios da neurose. Por último & em princípio, o enigma da culpa & da paternidade. Como antecedente desse assunto, deve ser lembrado o adendo ao caso Schreber, redigido pouco antes, em consonância com as ideias de Jung & como decorrência, o que poderia ser considerada a continuação de *Totem & tabu*, um manuscrito apócrifo descoberto anos depois de sua morte, intitulado *Neuroses de transferência: Uma síntese*, jamais mencionado nem citado. Talvez nunca se saiba o motivo de sua inexistência até ser achado no baú de Sándor Ferenczi. Hoje, pode ser lido como uma ficção científica coerente com seu discurso, porém inverificável.

Indo mais longe, a peça-chave seria Moisés, figura mítica que suscitara duas importantes peças do quebra-cabeça freudiano: a primeira, em 1912,[2] após sessões de análise com a estátua de Michelangelo, em Roma,[3] & a definitiva, escrita no final da vida, mas só publicada postumamente.[4] Está tudo ali: o Nome-do-pai, o monoteísmo, as tábuas da lei, o assassinato, a servidão voluntária, a obediência retrospectiva...

O presente comentário situa o marco zero do trabalho de João Angelo Fantini,[5] onde a violência é apontada como um sintoma inerente à cultura, provavelmente estrutural, mas não intratável. Para fazer o diagnóstico, alguns filmes significativos são arrolados, situando o cerne de sua tese:

---

[1] Norman Brown, *El cuerpo del amor*. Buenos Aires: Sudamericana, 1976
[2] Sigmund Freud, "El Moisés de Miguel Angel" (1912), in: *Obras completas*. Madri: Biblioteca Nueva, 1970.
[3] Id.," Moisés y la religión monoteísta" (1940), in: *Obras completas*. Madri: Biblioteca Nueva, 1970.
[4] Antonio Ribeiro da Silva, *O desejo de Freud*. São Paulo: Iluminuras, 1994.
[5] João Angelo Fantini, *A função do pai no cinema*. São Carlos: EdUFSCar, 2009.

já que, no final do milênio, o declínio da figura do pai pode ser visto nos produtos culturais de consumo massivo, o cinema, velho do século XX assim como a psicanálise, sempre seria um lugar privilegiado para uma leitura semiótica & uma escuta analítica.

Entretanto, a interpretação do autor não se limita ao imaginário, individual ou coletivo, pois sua indagação sobre as causas & os efeitos da violência questiona o alcance da função pacificadora do ideal do eu, como diria Freud, ou da eficácia do simbólico, segundo Lacan. O real que esgarça o tecido social impõe a lei, que costura proibindo. Em outras palavras, a morte de Abel foi muito anterior à grafia do quinto mandamento. A culpa pela eliminação do outro, que pode ser tanto o pai quanto o semelhante, não impede o ato; depois, & enquanto isso, "uma instância superior" julga & castiga, vigia & pune.

Para Freud, o supereu não era a cultura, senão um tipo de mal-estar que se apossa desta quando predominam as relações narcísicas. Na sua época, o prestígio do patriarcado começava a desbotar; décadas mais tarde, Lacan retomaria o tema do pai humilhado pela cultura moderna. Fantini atualiza essas perspectivas de modo convincente, descrevendo o conflito na pós-modernidade, especulando & argumentando a partir dos filmes analisados. Sua reflexão tem o mérito de não se deter nos aspectos estéticos, pois é da ética de que se trata, ou, melhor dizendo, da política & da constituição, quer seja de um sujeito ou de uma nação.

Em definitivo, como em 2001 de Stanley Kubrick, que começa com a pré-história & acaba no espaço, esse livro nos leva da horda primitiva ao ciberespaço, ida & volta, demonstrando como a vida inteligente não escapa do inconsciente.

II. INTOLERÂNCIAS

Cloud Atlas é um filme atual que conta com uma infinidade de recursos, técnicos & narrativos, para mostrar um punhado de clichês, em várias épocas, com um denominador comum que, cem anos antes, outro filme também tematizara: *Intolerância*, de D. W. Griffith. No primeiro, o futuro é colocado em jogo, desde sempre. No segundo, é o retorno do passado que nunca foi distante do presente, testemunhando a dificuldade de se conviver com quem não é igual, seja em termos de raça, cor de pele, classe social, nacionalidade, credo, filiação & demais características da unicidade humana.

Embora Freud tenha introduzido formalmente o conceito de narcisismo em 1914, em simultaneidade com o começo da Primeira Grande Guerra, a questão datava desde antes. A paradoxal expressão *narcisismo das pequenas diferenças* destaca aquilo que não coincide, em contraste com as semelhanças, para revelar, entre o que é comum a todos, o detalhe inadmissível que torna o outro insuportável. O oximoro pode ser ilustrado com uma situação assaz frequente. Seres vivos que somos, precisamos constantemente de alimentos que ingerimos, metabolizamos & excretamos. A civilização põe a nosso serviço os banheiros, não só para tomar banho. A privada é o destino das nossas obras, ainda bem, porque cheiram mal. O fedor das fezes não tem nada de agradável, mas é provável o benfeitor pouco se incomodar, aliviado & familiarizado com seu cocô. Para quem entra depois no cubículo, o rasto do usuário anterior é um insulto ao seu nariz. A matéria fecal, em todos os casos, é bosta propriamente dita para qualquer um; no entanto, mesmo aceitando a sua, a dos outros é pior.

A intimidade essencial vira extimidade radical quando os outros são, de fato, diferentes de nós; em maior grau, os estrangeiros, tão exóticos nos seus costumes & tradições. Suas comidas & perfumes costumam não agradar; suas músicas & festas, por desconhecidas, não são convidativas; seus gozos, quando mais explícitos, mais esquisitos. A xenofobia é um fenômeno generalizado ao longo dos tempos. As minorias raciais, nacionais, religiosas ou culturais tornam-se, em algumas circunstâncias, alvos fáceis para desprezos, desconfianças & ódios; dependendo de variáveis econômicas, sociais & políticas, as maiorias tendem a ejetar aqueles que, além de não parecidos, são também os mais fracos.[6]

---

[6] João Angelo Fantini (Org.), *Raízes da intolerância*. São Carlos: EdUFSCar, 2015.

Na civilização contemporânea, contemporizar com o próximo não familiar é um desafio constante. A era da Globalização resultou na época da Migração: quando a fome, a guerra, a peste & a morte assolam a terra natal, os fados obrigam a ir embora. Expatriados, retirantes, exilados & banidos são vistos como invasores pelos habitantes das cidades & dos países que não os convidaram. Na disputa por aquilo que alguns têm & outros não, os locais reivindicam o direito de prioridade, enquanto os recém-chegados, o de oportunidade.

Depois da Segunda Guerra, Lacan começou a elaborar a tópica do imaginário, levando em consideração o avesso do narcisismo, isto é, a agressividade. O outro é semelhante, porém, distinto. Pode ser objeto, auxiliar, adversário, modelo, herdeiro ou usurpador. Ocupa o mesmo espaço no espelho, ameaçando invadir o lugar do sujeito na realidade. Sua presença, antes de ser benfazeja, é tida como sinistra. As raízes podem estar nas rivalidades do complexo fraterno, no nível individual; no plano coletivo, a psicologia das massas detesta quem não faz parte desta, até ficar mais coesa graças a algum inimigo externo. Numa dialética extrema, tal existência independente justifica a barbárie, para anular sua peculiaridade, causa de mal-estares. A pulsão de domínio costuma ser a resultante totalitária da pouca paciência dos poucos em relação aos muitos.

Por isso, a discórdia precede à harmonia. A violência, parteira da história, deveria dar lugar à convivência, babá dos direitos humanos. Fazendo coincidir a ontogênese com a sociogênese, indivíduos, grupos & etnias, confrontados com as diferenças & brigando por idênticos bens, seria de esperar a possibilidade de viverem como irmãos. No entanto, desde os tempos bíblicos, sabe-se que a fraternidade comporta rivalidades mortais. A sublimação só é viável desde que existam ideais comuns, ainda que, na luta pelo reconhecimento, o prestígio de cada um dependa inversamente do outro. Por mais estranho que possa parecer, a alteridade é essencial para definir a própria identidade, dada a oposição complementar.

Daí que, no passado & no futuro, assimilações têm sido & poderão ser satisfatórias. Mestiçagens, hibridações & miscigenações, como sínteses pulsionais & culturais, apontam para a equalização das tensões excludentes entre os entes desiguais coexistentes. No entanto & até lá, quem não é como a gente, tampouco é gente.

ODIAI-VOS UNS AOS OUTROS

DATAÇÃO MÍTICA:

    I. Caim x Abel
    II. Horda primitiva
    I'. Decálogo: Não matar
    II'. Pacto social & obediência retrospectiva
    III. O império da lei

DATAÇÃO LÓGICA:

O fratricídio precede ao parricídio?

DATAÇÃO HISTÓRICA:

Após tantos anos de esplêndido isolamento & solilóquio autoral, Freud teve pacientes, discípulos, colegas. Nas reuniões das quartas-feiras, todos dialogavam, expondo ideias germinais; Adler, Steckel & Jung, interlocutores privilegiados, encartados & descartados em 1914, na altura da *Introdução ao narcisismo*. Hoje, lemos tal artigo inesgotável de maneira anacrônica, desde Lacan. O pioneirismo possibilitou os avanços deste, inaugurando seu seminário com a "tópica do imaginário", baseada em três escritos coincidentes: "A agressividade em psicanálise (1948); O estádio do espelho como formador da função do eu (1949); Algumas reflexões sobre o eu (1951)". Cotejando as leituras, surgem questões correlatas que o texto freudiano, dedicado às modulações da libido, nem menciona na época; ausentes, ainda que implícitas até futuras elaborações. Naquele momento, & por enquanto, tudo era amor & paz, embora prestes a acabar.

Antes: Além do embate contra Adler & Jung, dissidentes, o assassinato primordial de *Totem & tabu* já fazia parte da teoria. Por sua vez, a contribuição de Wilhelm Steckel foi bem escutada (*"O ódio é anterior ao amor"*), ecoando Heráclito (*"A discórdia antecede à harmonia"*); mais tarde, o apotegma de Hobbes (*"O homem é o lobo do homem"*), por sua vez, inspirado em Plauto (*Homo hominis lupus*). Pela defasagem entre a antecipação do eu perante o desfraldar da libido, Freud chegou a cogitar, na ocasião, algo assim como uma "pulsão de domínio" (*Bemächtigungstrieb*), decorrente do desenvolvimento psíquico & somático; identificável & projetável também nos outros, como expansão egoísta da pulsão de autoconservação, sob a forma de sadismo, ódio & agressividade.

Durante: A Primeira Grande Guerra matou a *belle époque* & qualquer eventual confiança na humanidade. A produção freudiana daqueles tempos sombrios mirava dois alvos coincidentes: por um lado, os artigos técnicos, de conteúdo pragmático, endereçados aos praticantes; por outro, os ensaios metapsicológicos, assumidamente especulativos, nos desdobramentos da doutrina. Todavia, ficou inviável completar todos os capítulos do plano inicial sobre as características das pulsões & seus destinos, com tanta morte matada & morrida nos campos de batalha, como prova viva do fracasso da sublimação...

Depois: Tânatos formatou, em tempos de trégua, a psicologia das massas; na década seguinte, prevendo uma nova conflagração, o mal-estar na cultura incorporou a dialética do limite real da vida, pessoal ou plural. Para além do princípio do prazer, a pulsão de morte, desde agora & até nunca, condensará o sinistro: a anulação do próximo, inaceitável pelas pequenas & grandes diferenças dos narcisismos.

***

Em 1915, Freud escreveu sobre a guerra & a morte, fatos irremediáveis, seu cotidiano. Também, ampliando o horizonte conceitual, *Pulsões & suas vicissitudes*. Dentre as muitas articulações do texto, destaca-se o seguinte raciocínio: O ódio seria a antítese do amor; depois, se tomados em conjunto, a indiferença poderia ser uma antítese mútua. Nada a objetar; contudo, caberia acrescentar outra antítese, se considerado o medo como alternativa em oposição ao amor.

Eros, citado nominalmente por Platão & por Freud, enlaça corpos & almas, multiplicando seu alcance onde a vida estiver, enquanto desejo houver. A potência da equação amorosa é infindável, eterna enquanto dura; flexível, orgânica, maleável & palpável, a libido é a energia que move o mundo, permeia o eu & inclui os outros.

Em contrapartida, o medo paralisa, contrai, inibe, suprime. A imobilidade leva à repetição, à persistência na impotência, à pequenez do ente, à infelicidade do ser. O estreitamento, mental & corporal, cristaliza a angústia num desamparo derradeiro, no temor & no terror, tristes paixões dos espíritos acuados, desconfiados de todos & cada um: *rigor mortis*.

Ódios & medos são pesadelos diurnos, narcisismos afetados & defesas desesperadas do amor-próprio, ameaçado por gozos alheios, o paraíso perdido pelo inferno dos outros. Anos mais tarde, na correspondência com Einstein, as respostas freudianas para o porquê da guerra: ritos de sangue, sacrifícios religiosos, intolerância, caos social, deuses irascíveis, fronteiras conflitantes, vencedores & vencidos, a lei do mais forte & melhor armado.

Definições: A *agressividade*, correlativa do imaginário, é a disputa pelo lugar de um em detrimento de outro. O ódio é a não correspondência entre semelhantes, precedida pela inveja & o pelo mau-olhado. No *sadismo*, alguém consegue impor sua vontade avassalando qualquer um, começando pelos mais fracos. A *dominação*, no escopo coletivo, é quando a minoria dos poderosos determina a sorte da maioria dos oprimidos. *Psicopatia & sociopatia*: Varejo & atacado das formas de abuso sem empatia nem resiliência. *Terrorismo*: Quando corpos aleatoriamente despedaçados voam no real, detonando o convívio, graças às desgraças deflagradas pelos que desprezam todas as regras da civilização.

Tanto para Freud quanto para Lacan, os períodos depois das guerras foram momentos fecundos para matutar & observar as pulsões desregradas muito além dos consultórios, na ressaca moral perante o colapso da cultura, pela violência dos povos & pelas irredutíveis tendências da espécie. Conclusão de ambos: o animal social continua, desde sempre, animal.

III. TOTEM & TABU & ROBIN HOOD

Em 1875, aos dezenove anos, Sigismund Freud viajou à Inglaterra, a Manchester, onde ficou hospedado com o meio-irmão Philipp & a sobrinha Pauline. A cidade, feia & poluída, berço da Revolução Industrial, contrastava em tudo com a vida vienense. Naquela época, na alvorada de perspectivas extraordinárias de progresso nos conhecimentos, as teorias de Charles Darwin o atraíram fortemente, mas não só: a história inglesa, com suas casas reais & batalhas, simplesmente o fascinava, chegando a se projetar na figura de Oliver Cromwell em algumas cartas. Também lera, antes de viajar, *A situação das classes trabalhadoras em Inglaterra*, de Friedrich Engels. Muitos anos mais tarde, em *Totem & tabu*, coincidiria com o mencionado & Darwin, acreditando pia & ficcionalmente que teria havido, na pré-história da humanidade, uma "horda primitiva", forma de gregarismo & modo de produção, origem do estado, da tradição, da família & da propriedade; do patriarcado, da culpa & do totemismo também. Décadas depois, Claude Lévi-Strauss refutaria, com todo respeito, a universalidade do último item.

O jovem Freud apreciava os relatos lendários dos bretões: Em 1192, o rei Ricardo Coração de Leão partiu para a VII Cruzada, deixando o trono ao seu irmão João, apelidado de Sem-Terra por ser o segundo na sucessão, de repente no proveito da oportunidade de reinar & tiranizar. Na volta da Terra Santa, Ricardo foi preso por Enrique VI, soberano do Sacro Império Germânico, que pediu alto resgate pela sua investidura. Enquanto o povo coletava contribuições, João aumentava os impostos, desagradando senhores feudais & servos da gleba; proprietários autônomos, como Robin de Locksley, resistiram ao espólio, passando à clandestinidade com um grupo de alegres cupinchas no bosque de Sherwood. Amparados pela fitogeografia que tão bem conheciam, emboscavam caravanas de ricos comerciantes & comboios de prósperos burgueses, para angariar fundos & pagar o preço da liberdade do legítimo monarca. Assim nasceu & cresceu a fama de Robin Hood...

Enquanto isso, a prepotência do interino foi demais para os duques & condes, que, cansados das contínuas taxações & exações, deixaram de brigar entre si para se aliarem, marchando com suas tropas para tomar Londres & colocar o usurpador contra a parede, com uma espada na garganta até ceder. Aquele rei comprometeu-se, por escrito, a respeitar todos os outros que também poder tinham; ainda mais, unidos. Um pacto, um acordo, um contrato foi lavrado: a Carta Magna, a comissão de nivelar as atribuições reais & a participação das forças de fato dos insubmissos. Sempiterna, este é o paradigma de todas as constituições ocidentais, com a peculiaridade de não ter sido aprovada democraticamente por nenhum congresso, nem revisada, acrescentada ou modificada desde então. Como consequência, o Parlamentarismo como sistema misto de governo, com as atribuições da monarca circunscritas pela Câmara de Lordes, os Pares do Reino: do absolutismo à equidade; a fraternidade dos muitos, não isolados, mas agindo em conjunto para derrocar o tirano.

Para o Sigmund Freud metapsicológico, isso era, por analogia, o modelo de adequação das pulsões, de início anárquicas, se organizando em faces & complexos, até a sua coagulação sintonizada & sintomatizada com as imposições da cultura. Após o *isso* extrapolado, o *eu* acerta suas contas com a realidade, enquanto o *supereu*, o agente da pulsão de morte, inquilino íntimo, antagoniza o sujeito do inconsciente, premido pelo desejo. O *ideal do eu*, alheio & êxtimo, se atingido, poderia ser, para além do recalque, a sublimação bem-sucedida. Se não, inibições, taras & angústias...

Filogênese & ontogênese acertando os ponteiros, *comme il faut*, norteadas pela ideologia em voga. Nada contra, já que a função dos mitemas & das ficções consiste, precisamente, em manter coeso o tecido das significações politicamente corretas, na junção do simbólico & do imaginário, para a produção do sentido partilhado & comum a todos os que o consomem. Como decorrência imediata, a crença na função pacificadora do ideal do eu, cujos valores justos seriam a garantia da paridade dos narcisismos, limitando o além destes. O status quo seria então possível, como bem supremo, no acalanto do discreto charme da estória oficial.

Acorde com a certeza delirante de Darwin, Engels & o estúdio de animação dos Flintstones, Freud achou por bem achar como achado o *Pai Primevo*, o *Ur-Orangutango* dono de todas as fêmeas & mutilador de todos os filhos, que teria sido um só, o poderoso Um. Para fins de fabulação & *storytelling*, sucesso garantido, roteiro coerente com o darwinismo social, a luta pela supervivência, com a vitória previsível daquele mais apto, superior em tamanho & fortaleza. Caberia, entretanto, uma leitura diferente, considerando sujeitos coletivos, não um único agressor; por exemplo, um grupo ou exército mal-intencionado. Entre pessoas, seria possível sustentar que *"quando um não quer, dois não brigam"*; contudo, não costuma acontecer em situação bélica, especificamente nos casos de invasão. Aqui, para ilustrar a treta, é solicitada a imaginação do leitor:

Era uma vez... uma comunidade rural, vivendo do agro & da pecuária, pacífica & pacata, sincronizada com as estações & as festas depois da colheita. Paganismo explícito, já que o termo *pagão* quer dizer campônio, em harmonia com a flora & a fauna, sem precisar ficar perto de nenhum deus solitário ou patrão mandão. Vida dura, trabalho braçal, alegria natural. Até que um dia chegaram... os *Outros*, com outras intenções, péssimas. Tinham espadas, cavalos, armaduras, mastins, superioridade técnica & numérica. Em situações assim, não adianta querer não brigar, pois a decisão, unilateral, é de quem ataca. Quando a defesa & o contra-ataque são superados, os vencedores ditam as regras. Às vezes, os derrotados eram mortos; em ocasiões, escravizados, ou, para a total submissão, os bagos eram extirpados, para obtenção de consenso & mansidão. As mulheres, poupadas para uso, abuso & prenhe. As crianças, incorporadas à força no novo clã. Conquista em moto contínuo, ao longo dos tempos, *pax brutalis*.

Desenvolvimento da situação ilustrada: Noutra versão, não tem extermínio; porém, antes de se retirar, os invasores tomam conta do lugar, *manu militari*. Levam o que tiver & afirmam voltar depois da próxima safra, para pegar quase tudo; *não sendo assim...* Dízimo? A décima parte, como imposto à segurança, ou nada mais que um décimo do que teriam depois de expropriado noventa por cento? Em qualquer caso, a intensidade da ameaça, eficaz como gesto imaginável, constrange & oprime sem chegar às vias de fato. A força das palavras torna literal o pavor fantasmático, anunciado como má nova, que, ao moldar o presente instantaneamente alienado, leva à demissão do desejo alheio, extrativista & despótico.

Eis que, fora do mundo humano, tudo tem seu ritmo, jamais apropriado por ninguém: não é possível ameaçar uma planta para fazê-la crescer mais rápido que a própria natureza permite, nem extorquir um animal com um castigo futuro, pois estes vivem numa atualidade imediata, aqui & agora, sem amanhã. É exclusividade humana sermos vulneráveis àquilo que foi dito sem ainda acontecer & que, para ser evitado a qualquer custo, faz preferível entregar a bolsa pelo preço da vida em perigo, como forma existencial de anulação. O medo, a promessa do pior, hipoteca o porvir.

RECAPITULAÇÃO:

1. Metapsicologia:

Quem obedece? Como resulta evidente, o eu, cujo desenvolvimento avantaja a libido para se projetar na antecipação, como pretensão & fragilidade narcísica, do espelho até a servidão voluntária.

2. História:

O imperialismo pode até ser a etapa superior do capitalismo, mas começou muito antes... A dominação não é simplesmente uma constante histórica: é a própria estrutura hierárquica das sociedades, o poder dos poderosos, até prova contrária (a *Era de Aquário?*).

3. Imaginário:

No confronto com o semelhante que é diferido, convém criar anteparos & regras de convivência, às vezes, compensatórias de iniquidades aziagas. Utopias são os maiores exercícios de realizações do desejo, invocando perfeições vindouras, enquanto o passado, ausente desde sempre, auspicia a criação de panteões & narrativas assépticas.

Consideração:

As constituições, o estado de direito no império da lei, são redigidas *sine qua non* depois dos fatos de força consumados, servindo para impor o consenso aos que, de maneira inapelável, deverão acatar. Funcionam como uma tentativa de simbolizar, legitimando, a violência real, para indicar a direção obrigatória ao parque humano.

As sagas dos povos & das nações são bem mais conhecidas & documentadas do que as viagens no tempo, fantásticas demais. As especulações no singular servem para esquecer que os laços sociais são construídos por uma pluralidade de indivíduos divididos, afetados pelo lugar que ocupam em castas & classes. Na condição de falantes & falados, sexuados & costurados, mortíferos & mortais, determinados por fatores materiais, nosso mundo desnaturado compreende conflitos, contradições, dilemas & soluções políticas de compromisso.

Mitos & lendas, novelas & filmes costumam tematizar o ideal de resistência à opressão & posterior vitória dos justos, muitas vezes se unindo contra os agressores, talvez liderados por uma figura carismática, ao estilo de Robin Hood. Liberdade & luta, ordem & progresso, se & quando houver, como saldo dialético do *struggle for life*, sem, até hoje, final feliz para os condenados da terra.

REFERÊNCIAS BIBLIOGRÁFICAS

ALEMÁN, Jorge. *Para una izquierda lacaniana*. Buenos Aires: Grama, 2009.
BROWN, Norman O. *Love's Body*. Nova York: Random House, 1966.
CHOISY, Maryse. *Psicoanálisis de la prostitución*. Buenos Aires: Paidós, 1968.
DEBIEUX, Miriam. (Org.). *Escritas do ódio*. São Paulo: Edusp, 2018.
EHRENREICH, Barbara. *Ritos de sangue*. Rio de Janeiro: Record, 2000.
ENGELS, Friedrich. *El origen de la família, la propiedad e el estado*. Madri: La Pasonária, 1950.
FANTINI, João Angelo. (Org.). *Raízes da intolerância*. São Carlos: UfSCar; 2015.
FREUD, Sigmund. *Totem & tabu* (1912-13).
_____.*Introducción al narcisismo* (1914).
_____. *Las pulsiones & sus destinos* (1916).

_____. *El malestar en la cultura* (1930), in: *Obras completas*. Madri: Biblioteca Nueva, 1970.
KELSEN, Hans. *Teoria general del Estado*. Barcelona: Labor, 1934.
LACAN, Jacques. "La agresividad en el psicoanálisis" (1948), in *Escritos* II. México: Siglo XXI, 1976.
_____. "El estádio del espejo como formador de la matríz del yo, como nos revela la experiencia psicoanalítica", in: *Escritos*. México: Siglo XXI, 1971.
_____. "Algumas reflexões sobre o ego", in: CESAROTTO, Oscar; LEITE, Márcio Peter Souza. Jacques Lacan: *Uma biografia intelectual*. São Paulo: Iluminuras, 2015.
_____. *Seminário I: Os escritos técnicos de Freud*. Rio De Janeiro: Jorge Zahar, 1984.
MANNONI, Octave. *Freud, Uma biografia ilustrada*, Rio de Janeiro: Jorge Zahar, 1994.
PELLEGRINO, Hélio. "Pacto edípico e pacto social", *Folha de S.Paulo*, 11 set. 1983.
PUJÓ, Mario. *Para una clínica de la cultura*. Buenos Aires: Grama, 2006.
SOUZA LEITE, Márcio Peter. *O deus odioso, o diabo amoroso*. São Paulo: Escuta, 1991.

O REAL TEM SENTIDO?

Desde o último solstício de inverno no nosso hemisfério, o Relógio do Sul, na fachada do Palácio Legislativo da cidade de La Paz, gira ao contrário, para conscientizar os cidadãos de que a Bolívia é um país do Sul, não do Norte; assim sendo, distinta deveria ser a maneira de registrar o tempo, no solstício & no equinócio em ambas as metades da esfera terrestre. Ainda, os números romanos foram apagados, pintados sobre os arábicos, num gesto que busca revalorizar a cultura local; desse jeito, as coordenadas da globalização foram postas de ponta-cabeça. A ideia parece saída da cachola de Lewis Carroll, só que, para além das óbvias conotações, a razão última não deixa de ser topológica. Para entender o que estaria em jogo, convém retomar algumas considerações sobre o *sinistro*,[1] aproveitando para revelar concepções do mundo & denunciar ideologemas consuetudinários. Para tanto, vale tomar como referência um dos seminários mais simpáticos de Jacques Lacan, o de número XXI, *Les non-dupes errent (Aqueles que não são tolos erram)*.[2]

Em primeiro lugar, a vulgata. Costuma ser dito, como se isso explicasse & justificasse os valores da sociedade, que tudo começou nos idos da Revolução Francesa, na Assembleia, pela divisão espacial entre girondinos & jacobinos, rivais na política & na disposição da arquibancada. *Esquerda*, desde então, ficou associada ao radicalismo & abominada dialeticamente pela *direita*, representante do direito & da retidão. *Oh la la!* Até a queda do muro de Berlim, o maniqueísmo esteve polarizado entre o *comunismo* & o chamado *mundo livre*. Só depois, o sistema assumiu seu nome próprio sem vergonha: *capitalismo*.[3] A mundialização parecia ser o fim da História, mas as histórias das gentes & dos países não cessam de

---

[1] Oscar Cesarotto, *No olho do Outro*. São Paulo: Iluminuras, 1998.
[2] Jacques Lacan, *Seminário XXI: Los no incautos erran*. Buenos Aires: Escuela Freudiana, 1976.
[3] Marcus do Rio Teixeira, *Vicissitudes do objeto*. Salvador: Ágalma, 2005.

se escrever & reescrever, mesmo que os relatos oficiais façam de conta que não existem mais fronteiras nem soberanias.

Em segundo lugar, utilizando os registros lacanianos, com algumas precisões. Do ponto de vista do real, nada mais concreto do que o nosso *planeta*, um pedregulho arredondado flutuando na galáxia, mesmo que sua forma verdadeira pareça mais com um tubérculo gigante. No imaginário, prima o *mundo* como representação, dando lugar às *representações do mundo* como ideologias cosméticas a serviço das vontades dominantes. No simbólico, o *globo*, para além de ter sido o nome do teatro onde Shakespeare apresentava suas peças, é a racionalização intencional das coordenadas que regem horários & distâncias: os paralelos & os meridianos foram necessariamente inventados para navegar, mas também para comerciar. (Não por acaso, o marco zero convencional, o meridiano de Greenwich, foi estabelecido a partir do observatório situado no coração da metrópole, no apogeu do Império inglês que não tinha pôr do sol. *God save the colonies!*)

Agora sim, as caraterísticas do *nó borromeano*. Como escritura lógica das formações do inconsciente, sua articulação determina que as relações entre os registros se organizem em termos de superposições & subordinações, cada um se impondo como limite do outro. Destarte, a leitura levógira, contrariando as agulhas dos relógios, corresponde à hierarquização dos conceitos estabelecida por Lacan ao longo do seu ensino: RSI – SIR – IRS. Nessa sequência, o real faz objeção ao simbólico (R > S); o simbólico restringe o imaginário (S > I); o imaginário recobre o real (I > R). A orientação anti-horária do nó é a correta, enquanto a destrógira seria teoricamente inconsistente. Os três domínios, amarrados do jeito certo, dão sempre como resultado o mesmo liame: esta é a sua existência real, mas não natural, por ser um instrumento do feitio humano; ainda por cima, na possibilidade de ser enlaçado em duas versões diferentes, confirma uma assertiva científica: *O infinito tem direção*.[4] Em outras palavras, *há esquerda & direita no universo*. Isto é, *o real tem sentido...*

---

[4] Martin Gardner, *The Annotated Alice*. Londres: Clarkson Potter, 1960.

Todas essas perspectivas são necessárias para analisar o imperialismo, a etapa superior do capitalismo. Quando *Amarika*, o nosso continente, foi colonizado, conquistado & catequizado nos últimos quinhentos anos, os invasores trouxeram, junto com as armas, suas leis & contabilidade; signos, palavras & números para melhor se apoderar daquilo que queriam. Desde então, mão de obra escravizada, recursos naturais espoliados, dívidas nacionais impagáveis. A riqueza sugada, permitindo estilos de vida admiráveis em terras alhures; ao mesmo tempo & como consequência, a pobreza endêmica dos eternamente Terceiros & Quartos Mundos. Bolívia, no caso, antes conhecida como Alto Peru.

A Terra tem duas metades com polos & magnetismos opostos (fato provado pelo redemoinho da água, que não gira do mesmo jeito nos dois hemisférios). O Norte norteia a imaginação do mundo inteiro, com suas culturas & *royalties* (Papai Noel, vulgo Santa, trazendo a neve aos trópicos, por exemplo). Codificando distâncias & horários, quem determina os símbolos ganha sempre todos os jogos (ou seja, a banca nunca perde quando o dono da bola é também o dono do placar; quem primeiro sabe ler é quem inventou a escrita; assim fatura a humanidade). A dominação poderia ser uma questão pulsional, como alguma vez Freud pensara,[5] na altura de *Totem & tabu*. Esse texto, mesmo inspirado na antropologia da época, por último, é fictício & ficcional. Nada contra, mas a verdadeira narrativa dos grupos humanos foi sempre escrita com sangue, a guerra como parteira de todas as histórias,[6] favorecendo os belicamente equipados que sempre levaram a melhor parte, para desenvolver seus países com tudo o que daqui espoliavam.[7] Determinismo histórico: a lei dos mais fortes, dos uns sobre os outros, o imperialismo como contradição principal, compreendendo as dialéticas entre amos & escravos; darwinismo social, a esperteza dos poucos que controlam a economia & a propriedade privada, fazendo muitos trabalharem & pagarem para o seu proveito, magnificando a concentração da renda, por sua vez, globalizada.

---

[5] Sigmund Freud, "A disposição à neurose obsessiva" (1912), in: *Obras completas*. Madri: Biblioteca Nueva, 1970.
[6] Barbara Ehrenreich. *Ritos de sangue*. Rio de Janeiro: Record, 2000.
[7] Eduardo Galeano, *As veias abertas de América Latina*. Rio de Janeiro: Paz & Terra, 1979.

Este é o nó (górdio) das guerras, tanto frias quanto quentes, da desigualdade em escala planetária; enquanto as imagens do mundo são cosmeticamente produzidas pelos meios de comunicação, o capital se espetaculariza na atual vida digital. Mas não tem para todos: as arcas estão fechadas para nações & multidões; só as elites, locais & internacionais, vivem bem & se fecham em copas. A moral da História, maiúscula, como não poderia deixar de ser, pelo menos por enquanto, fica clara na língua inglesa: *RIGHT SHUTS – LEFT OPENS*. Esse é o resumo macropolítico da *opera mundi*: o giro para a direita, na obediência ao relógio, controla a sociedade, a cultura & a civilização, no favorecimento de alguns & na exclusão do resto majoritário, mas sempre em restrição. Para o lado esquerdo, por oposição, a abertura & a disseminação. Comunismo? Apenas justiça distributiva...

A topologia é o destino, se não dos povos, pelo menos do sentido direcional do real, que pode ser indistintamente orientado, no fechamento ou na abertura, com todas as ressonâncias que esses termos possam ter, no coletivo & no individual. De ser possível, mudar a ordem da exploração seria um progresso que só poder-se-ia ser comemorado no dia em que Eros (expansão) superasse Tânatos (contração) na expectativa global de vida de TODOS os habitantes do planeta, cidadãos do mundo, atores globais.

AS PELES DE HUNDERTWASSER

As obras do artista & arquiteto austríaco Friedensreich Hundertwasser (1928-2000), explícitas & exuberantes em si mesmas, levaram o seu autor, além da realização, a teorizar sobre a sua peculiar visão da vida humana.[1] Por sua vez, o crítico francês Pierre Restany, num excelente ensaio,[2] organizou tal sistema de pensamento pelo prisma das "cinco peles":

» Primeira pele: *A epiderme.*
» Segunda pele: *O vestuário.*
» Terceira pele: *A moradia.*
» Quarta pele: *O meio social & a identidade.*
» Quinta pele: *O meio global & a ecologia da humanidade.*

Somos pele desde o nascimento até a morte, nunca depois. Amassada pelo parto, esticada ao longo da vida, enrugada no final. Colorida: o tom do couro humano costuma definir a sua sina, enquanto as tatuagens a decoram & as cirurgias a corrigem. Pelo menos, não temos mais tanto pelo: podemos nos bronzear ou passar frio, graças ao clima & à pigmentação.

Então, precisamos de outra pelugem ou plumagem: a roupa. Em primeiro lugar, pela sua função utilitária, protetora; em segundo, para cobrir as vergonhas; em terceiro, para ostentar classe, moda, estilo & gênero.

A natureza pode ser cruel na intempérie: choupanas, ocas, palácios & quitinetes são parte dos nossos dias, determinando onde dormimos

---

[1] Harry Rand, *Hundertwasser.* Köln: Taschen, 2007.
[2] Pierre Restany, *O poder da arte Hundertwasser: O pintor-rei das cinco peles.* Lisboa: Taschen, 2003.

cada noite. Tirando a caverna, o único teto pronto, todos os outros foram sempre construídos, organizando condições materiais, saber fazer, trabalho alienado, propriedade privada; todavia, a "casa do homem" costuma ser o reinado das mulheres, o espaço doméstico, maternal, eco de *ekos*.

Envolvendo & involucrando, a quarta pele seria o meio cultural, da família à nação, & as afinidades eletivas da amizade, compreendendo todos os signos & discursos que definem & permitem o estabelecimento dos laços sociais, junto com os afetivos. O registro do simbólico, a semiesfera & a ideologia, tudo ao mesmo tempo; agora, antes & depois, a concepção do mundo que nos concerne & conforma, feita com palavras & significados coadjuvados.

A quinta pele é a planetária, ligada diretamente à biosfera, à qualidade do ar que se respira, à fluidez das águas & ao estado da crosta terrestre que nos sustenta & alimenta. A verdadeira morada de todas as espécies, independente de raças, credos ou pelagem: Mamãe Natureza, a *Pachamama*.

Destarte, as "dermes" de Hundertwasser sintonizam com os registros de Lacan, na sequência RSI:

» Nada mais real que o planeta, concreto & material, berço vital.
» A preexistência da função & do campo das linguagens.
» Nosso desamparo originário, que requer cuidado & carinho, pele a pele.

De todas as leis, aquela mais real de todas é a da gravidade. Por sua causa, as edificações devem ser firmes, para mirar o céu sem cair. Vivendas com água encanada: assim pode ser definida a *civilização*, enquanto desmata, erige cidades & abre estradas; estruturas planejadas & regras de trânsito completam a paisagem. Quanto mais alto, sofisticado & complexo for, melhor, apesar de Babel marcar tendência...

Tanto no meio externo quanto no interno, os seres falantes fruem & sofrem pelas línguas & pelos códigos que dominam, enquanto usam &

por estes são usados. As leis, repertórios de palavras para sedimentar a ordem social, podem ser tão sábias quanto arbitrárias, porém necessárias: a *cultura*, como âmbito da existência partilhada, é feita de palavras & imagens que criam sentidos comuns & consensos obrigatórios.

Ao mesmo tempo, a beleza é a melhor defesa, como é provado pelo narcisismo, das pessoas ou das massas, ainda que nem todo mundo seja igual nos espelhos, já que faz diferença ser bonito ou feio, rico ou pobre, familiar ou estrangeiro. Os semelhantes, perante os distintos, se organizam em hierarquias, privilégios & cadeias de mando, em prol da própria imagem, do semblante, da personalidade, das posses: todo mundo é Um; todos contra todos, no capitalismo primata. Na *sociedade*, por último & por princípio, somos todos iguais, apesar daqueles mais iguais do que todos juntos.

Hundertwasser, utópico & pragmático, idealista & realizador, queria um mundo mais equilibrado para a totalidade do parque humano; indistintamente, para o conjunto dos condôminos do único ecossistema que nos mantém vivos & nos espera para virar adubo orgânico. A Terra é tanto estaca zero quanto quinta pele; a habitação cósmica dos nossos corpos, afetados por fragilidades & ornamentos, mimos & cafunés. A casa de todas as casas & cidades, o palco da vida, para fruir sem ruir, para gozar sem parar, para ter o prazer de ser, para desejar sempre melhorar, enquanto o sol raiar!

ECO DE ITÁLIA

Tantas vezes contei o episódio, que achei por bem escrever uma crônica. O destino, significando sina & objetivo, me levou, com meu filho Yuri, para a Itália, especificamente para Bologna, no mês de novembro de 2007. Por motivos familiares & burocráticos, fomos atrás das raízes do *jus sanguinis*, assessorados por um escritório paulista que agora fazia a tramitação naquela localidade (antes, em Pisa).

A viagem foi boa, a finalidade, atingida; ainda deu para fazer um pouco de turismo, visitando Venezia em tempo de *Biennale*. Culminando, tivemos um encontro com um homem notável.

Para situar o contexto, uma descrição daquela paisagem urbana: Bologna é pequena & ordenada, velha de séculos, tão bem conservada que integra a modernidade de forma equilibrada, mantendo, numa linha de edificação uniforme, todas as casas de não mais de dois andares pintadas de vermelhão, combinando com os telhados. Não apenas por isso é chamada de *Città Rossa*, na lembrança da heroica resistência ao nazismo pela população, que, durante décadas, elegeu prefeitos comunistas para seu governo.

Em pleno outono, todo mundo elegante & agasalhado; muitos velhos nos bairros; no centro, a juventude. Lá se encontra a famosa Universidade, a mais antiga da Europa, alternando seus locais de ensino com lojas & escritórios em construções cheias de arcos, becos & quebradas. Duas altas torres de tijolo exposto, no final da avenida principal, são as presenças vivas da História. Em torno delas, um labirinto de ruelas & igrejas avulsas.

Um par de dias antes, cruzamos com um grupo de moças festejando; algumas delas, com uma coroa de louros na cabeça. Aprovadas no último exame, elas eram advogadas novinhas em folha, propriamente! Seguindo a tradição, nos convidaram com uma bolacha & um copo de *grappa*, merecendo os nossos parabéns.

Foi assim que, numa tarde fria de quinta-feira, começamos perguntando na Faculdade de Direito, onde ninguém conhecia o Departamento de Ciências Humanas ou coisa do gênero. Quando eu disse que estava procurando Umberto Eco, as recepcionistas caíram na gargalhada. Logo na sequência, nas Letras, uma simpática senhora deu a informação exata sobre o escritório da ilustre figura, junto com um mapa xerocado para evitar se perder no traçado irregular das ruas medievais.

Chegamos numa casa cuja frente era um gigantesco portão de ferro fundido, na via Marsala, 24. Ninguém respondeu ao interfone, mas abriram. Primeiro, um amplo espaço pouco iluminado; depois, um pátio renascentista & uma escadaria de mármore gasto subindo à esquerda. A seguir, uma enorme porta de madeira discretamente aberta; dentro, um jovem, trabalhando numa escrivaninha, deu uma resposta afirmativa & chamou a secretária.

Apareceu uma senhorinha muito educada, nos informando que o professor estava, sim, embora com compromisso marcado. Expliquei a minha presença circunstancial, que apenas queria deixar meus cumprimentos & um envelope. Nele, tinha uma carta dizendo quem eu era, dois livros meus (*No olho do Outro* & *Tango malandro*), mais a revista da Coordenadoria Geral de Especialização, Aperfeiçoamento e Extensão da PUC-SP (COGEAE), com o programa do curso de especialização *Semiótica psicanalítica – Clínica da cultura*.

Ela pediu para esperar um instante; pouco depois, a porta se abriu para dar passo a Umberto Eco em pessoa, 3-D, carne, osso, barba & barriga, vestindo Armani dos pés à cabeça, com um sorriso largo, acenando para entrar. Sentamos nas poltronas de uma das salas; na outra, dividida por uma arcada, tinha uma mesa de trabalho, um abajur, estantes cheias de livros, gravuras nas paredes.

Gratamente surpreso com tanta simpatia, comecei dizendo que falaria em português, para não maltratar o vernáculo. Replicando, ele disse que, então, aproveitaria para falar em portunhol, se despachando com várias frases louvando o Brasil. Comentei que, nestas terras, muitos eram seus admiradores; sua obra, muito lida & citada, fazia parte da bibliografia de todos os cursos de comunicação & semiótica. Mais ainda: falando como semblante, em nome da PUC-SP, convidei-o para visitar o nosso programa, para ter a honra de ouvi-lo numa aula magistral.

Ele assentiu & pediu licença para falar em italiano. Primeiro agradeceu, depois explicou que vir para o Brasil também fazia parte do seu desejo, embora não pudesse ser realizado num curto prazo. Enfatizou amar esta terra, por ter viajado de Foz até Belém, com muitos amigos por aqui, onde tudo era tão bom que, para curtir de verdade, precisaria de pelo menos um mês. Lamentou não dispor desse tempo de folga, e tampouco topava uma viagem-relâmpago, proposta pelo editor brasileiro em cada Feira do Livro.

Perguntou se eu conhecia Eliseo Verón, o mais destacado representante da semiótica argentina. Respondi que sim, como leitor. Rindo muito, disse que era um grande amigo, tão inteligente que organizava seus colóquios em Pernambuco, à beira da praia! Dava para perceber que o douto personagem se encontrava num excelente humor naquele dia, de bem com a vida, jovial, jupiteriano & expansivo.

Quando eu disse que era psicanalista, ele já sabia, pois lera na carta. Perguntou como tinha me aproximado da semiótica. Contei do meu percurso universitário & da necessidade teórica de articular a semiótica com a psicanálise num discurso consistente, capaz de interpretar os fenômenos da cultura. O distinto concordou com uma frase à la bolonhesa: *L'unconscio è l'altra faciatta dell'segno,* mais um gesto, sua mão girando em espiral. Numa tradução macarrônica, o inconsciente é a *outra cena* do signo.

Eco usou como ilustração seus dois últimos livros, a *História da beleza* & a *História da feiura*, recentemente lançado. Tinha se divertido mais trabalhando no segundo, cuja diversidade superava o primeiro. Enquanto o belo é sempre harmonioso, proporcionado, moderado, sem nunca fugir de certos limites formais, seu oposto dialético é desmesurado, insólito, grotesco, num espectro maior de possibilidades. O feio vira a estética pelo avesso, como um pesadelo da razão, desafiando a indiferença.

Voltando para a fenomenologia da situação, era incrível o que estava acontecendo: Umberto Eco, na nossa frente, falando com paixão sobre seu trabalho & suas preferências! O privilégio de escutá-lo me levou a demandar um esclarecimento em relação a um seminário seu, no mês anterior, intitulado "Sobre a alma dos animais – Introdução a zoosemiótica". Eu tinha visto na internet & não fazia a menor ideia do que fosse; daí a minha curiosidade.

Ele explicou que teria sido apenas um começo de investigação, logo abandonado, pela impossibilidade de dar conta da extensa bibliografia sobre o assunto. Só no Ocidente, havia bibliotecas inteiras dedicadas aos argumentos defendidos em duas grandes épocas: até Descartes, a discussão era se os animais, seres vivos, participantes da Criação, teriam alma; a partir da aplicação do método científico, a questão foi saber se os bichos se comportariam como máquinas naturais. Assim, a sorte das cobaias é o exemplo paradigmático da pouca humanidade dos laboratórios.

Todavia, as opiniões eram tantas, & tanto haveria para ser lido & resenhado, que a empreitada nunca teria fim. Foi a minha vez de sugerir que também haveria de se acrescentar as referências animalescas na obra freudiana: o *Homem dos Ratos*, o *Homem dos Lobos*, o cavalo do pequeno Hans & outros casos clínicos. Antes, as fabulações de *Totem & tabu*, ele complementou, apontando uma nova linha de pesquisa.

Depois de uma bela meia hora, ouvimos, de leve, uma batida na porta. A secretária entrou com três dedos em riste, dizendo: *Tre minute!* Levantamos, reiterei o convite, respondido que, se possível fosse, grande prazer seria. Agradeceu os livros, nos acompanhou até a saída & se despediu com tapinhas nas costas.

Meu filho & eu saímos dali em alfa. Na rua, beatificados & bestificados, sem conseguir dizer nada, nos olhamos, ver para crer. Só então & ao mesmo tempo nos lembramos das nossas câmeras digitais, perfeitas para eternizar o acontecimento, ambas penduradas nos respectivos pescoços, mas esquecidas, eclipsadas pela emoção.

Sem foto não tem fato, pensei em voz alta, apenas a minha palavra como sujeito agente & narrador parcial... Quem acreditaria que foi desse jeito, tão ameno? Yuri se prontificou como testemunha, já que ele estava lá, fez parte da cena, daria fé. Achei interessante a ideia de um filho poder ser avalista do pai, junto com a recíproca, também verdadeira. Pois então, tudo de bom: em outras palavras, só palavras, o que vale é a versão, não o feito, para sempre guardado no photoshop da memória. *Adesso, se vero, bene trovato, ecco!*

CONTOS DE HOFMANN

Um dia, o imortal morreu, depois de ter assoprado mais de uma centena de velas. O químico Albert Hofmann conheceu a merecida glória, sem que a fama o tornasse infame, por ter sido tão *bona fide* & helvécio como um chocolate, um banco, um relógio ou Guilherme Tell, todos precisos & preciosos. Em outras palavras, um cientista cem por cento, digno de um prêmio Nobel, nunca um agitador ou uma celebridade. Teria sido o pai da era psicodélica, por sintetizar a chave das portas da percepção, o LSD-25, sem ter a intenção de escancará-las nem arrombá-las. O destino, porém, determinou que fosse ele quem olhasse pela primeira vez pelo buraco da fechadura.

Rezam as enciclopédias que, em 1945, ... (*preencher com a divindade favorita do leitor*), quis que um respingo de Sua Mão, salpicado ao acaso & ao azar pela Sua Divina & Incognoscível Vontade & Desejo, tocasse a pele do jovem pesquisador & recém-doutor, como no teto da Capela Sistina. Depois de bater o ponto, saiu do laboratório, & naquela tarde de sol ameno, pegou sua bicicleta branca (*The White Bicycle*, todo um símbolo desde os *sixties*), rumou para o lar, docinho lar. Quando chegou, horas depois, não era mais o mesmo; a cultura do Ocidente, nas seguintes décadas, também não.

Outra lenda conta que Timothy Leary (psicólogo emérito, Ph.D. em Harvard) teria explicado que a mesma substância, quando destilada anos antes daquela tarde, não teria produzido efeito nenhum; depois sim, por que no ínterim, a grande novidade no nosso planeta foi o começo da era nuclear, com as primeiras explosões atômicas mudando estruturas moleculares que nunca mais seriam iguais a si mesmas.

Uma nova *outra cena* descortinou-se a partir de então. O *Teatro da História* montou uma peça "muito louca", criada por Hofmann, mas, em grande parte, interpretada por Leary. Deu no que deu: cana para o segundo & um desabafo parental, o livro *LSD: Minha criança problema*. De fato, não foi por culpa dele que a revolução cultural virou caso de polícia; como consequência, com a proibição total do ácido lisérgico, em 1967, houve um divisor de águas que cerceou seu uso terapêutico & a continuidade das pesquisas.

Demasiado aconteceu a partir de então; muito já foi escrito & ainda mais será. O propósito deste texto, para além do reconhecimento ao grande homem, inclui uma reflexão sobre algumas questões que o vento levou. Para começar, a interdição, as modas & os escândalos acabaram com as investigações universitárias sobre as atividades mentais turbinadas pela substância; isso pode ser considerado um saldo negativo, do ponto de vista do bom senso. Com ácido ou sem, com qualquer aditivo ou com nenhum, é tão pouco o que ainda se sabe sobre o psiquismo humano que barrar algum caminho, por controverso que seja, seria sempre um pecado epistemológico.

Do ponto de vista da saúde mental, na primeira metade dos anos sessenta, o LSD-25 era usado com sucesso no tratamento do alcoolismo. Seu efeito despertador tirava as pessoas da embriaguez etílica, do sono existencial que a bebida proporciona, ao preço de estragar a vida do bebum. Como hoje se sabe muito mais sobre os malefícios do álcool, alguns aspectos relevantes devem ser destacados:

Faz bastante tempo que o alcoolismo é conhecido, estudado & tratado como doença; atualmente, diagnosticado como "dependência química". Entretanto, as curas químicas são as que menos dão certo, em proporção & duração.

São inúmeros os ex-bêbados que conseguem sê-lo porque agora são crentes & devotos, não importa de qual religião. Qualquer uma, aquela que, com uma boa acolhida, lhes permitiu receber amor & um novo sentido para a vida; sentimento de pertinência, arrependimento & outra identidade. *Aleluia!*

As entidades laicas podem ser tão boas quanto & os AA (Alcoólicos Anônimos), nem precisam divulgar seus nomes para sair do pileque.

Com versões locais em vários países, para além das diferenças linguísticas & sociais, o programa dos dez passos permite que muitos façam caminho ao andar.

Todas as nações têm estatísticas demográficas que mostram e provam quantas pessoas se ferram por ano por causa da *marvada*, & quanto isso custa ao erário público, entre tantas outras considerações econômicas & demais responsabilidades do Estado.

As companhias de seguro ficam tranquilas, porque têm cobertura: se houver birita no sinistro, elas não precisam pagar nada.

***

Essa é a ponta do iceberg que o álcool representa como sintoma *na* cultura mundial, globalizada para sempre, desde muito antes da ocidental & cristã. Não é este o lugar para discutir tantos problemas interdisciplinares; apenas lembrar o importante que seria poder curar a população da cirrose, física, mental & espiritual. Dos exemplos citados desprende-se a hipótese de que, embora o vício seja químico & afete as moléculas, uma saída poderia ser o resgate da subjetividade, processado pelas vias do simbólico & do imaginário, cuja ação conjunta teria o poder de modificar o real de forma positiva.

Qual seria o papel do LSD em tudo isso? É óbvio que a substância age quimicamente, mas sabe-se que, chegando ao cérebro, fica ali apenas por apenas quarenta minutos, para se despedir & ser despedida logo, eliminada pela urina. Em princípio, não se trata de uma droga aditiva, embora ao longo do tempo algumas pessoas tenham tomado assiduamente, por motivos recreativos (Casuística Pop: John Lennon, Rita Lee, Ozzy Osbourne & outros veteranos *day-trippers* confessos), tal *soma* não cria dependência, sem o usuário virar refém ou freguês. A cuca, no entanto, pode ir para as cucuias: para muitas pessoas bastou *one bad trip* para afastá-las da experiência para toda a eternidade, vidas presentes ou futuras.

Pode-se conjecturar, destarte, que age como um gatilho sináptico, ligando *quaquilhões* de neurônios, em série, em paralelo & por simpatia, potencializando a mente de maneiras inéditas. Parece funcionar como um catalisador que atua apenas por presença, possibilitando & disparando a reação, sem participar dela. Uma chave capaz de abrir as portas do Céu & do Inferno, como advertiram William Blake & Aldous Huxley, dentre muitas outras metáforas.

Aqui está o ponto: gatilho, catalisador, chave, são apenas hipóteses retóricas. As comprovações concretas deveriam vir dos laboratórios, só que, depois de proibido, as pesquisas foram descontinuadas. Por outro lado, são tantos os depoimentos dos viajantes, testemunhais ou literários, que valeria a pena ler & escutar, antes de tratar aqueles sujeitos como contraventores ou doentes. Tudo isso se perdeu nas batalhas políticas & culturais do final do milênio passado. Em algum momento, veio a público que a CIA teria investigado seu poder para finalidades bélicas de amplo espectro: ofensivas, de controle, de lavagem cerebral ou otimização dos processos de interrogatório & tortura. Esses estudos do mal, contudo, nunca foram mostrados; poderiam ser úteis, admitindo com frieza que até o Dr. Mengele fez a medicina progredir...

O maior pesar, pessoal para Hofmann & por extensão para toda a civilização, é que o LSD tenha sido posto sob o auspício de Tânatos. Seu descobridor & inventor, sem ser médico, nem guru, nem bicho-grilo, sempre considerou o fruto do seu trabalho como um remédio. O mau uso & as péssimas intenções o fizeram sofrer mais do que uma dúzia de hippies acreditando poder voar de verdade & saindo pela janela. (Era verdade, podiam voar; pena que não previram que poderiam cair...)

Assim caminha a Humanidade: aos pulinhos, dando cambalhotas & avançando para trás. As últimas têm sido as décadas do cérebro, mas as neurociências se interessaram mais pela demarcação & pelo loteamento da mente do que pela expansão & aproveitamento das potencialidades para uso pacífico & fins curativos.

Para multiplicar as homenagens póstumas, convoquemos Norman Mailer, ido também no mesmo ano. Durante toda a sua vida pública, se definiu como um "conservador de esquerda". Tirante o *oxímoron*, proposital *pour épater les bourgeois*, sua posição política seria tão defensável como louvável, & também exemplar. Agora que o futuro já chegou ou, pelo menos, o novo século, seria conveniente não esquecer o anterior, a nossa Antiguidade Clássica, da qual temos bastante para aprender, avaliando sucessos & erros históricos em perspectiva, resgatando aquilo que foi (*teria sido, pode ter sido, seria se fosse, ainda pode ser...*) útil para o bem comum.

Em função disso tudo, pode-se argumentar a favor da legitimidade das pesquisas específicas & a necessidade de continuá-las, o melhor tributo possível para um cientista, para o progresso da ciência & da sociedade; também, para maior conhecimento da psicologia humana, em nome da saúde, pública, privada & individual.

LSDisneyworld

(Transcrição da nota n. 7 do capítulo "Estilhaços", do livro *Contos sinistros* – E.T.A. Hoffmann / *No olho do Outro* – Oscar Cesarotto (São Paulo: Max Limonad, 1987). Reprisado como a nota n. 8 na edição da Editora Iluminuras, 1996: *No olho do Outro: "O Homem da Areia" segundo Hoffmann, Freud & Gaiman*)

Segundo Jean Louis Brau, na *Historia de las drogas* (Madri Bruguera, 1970), a *eteromania* foi um costume bastante difundido no século XIX em países como a Alemanha & a Noruega. Os mais chegados a esse tipo de embriaguez bebiam as chamadas "gotas de Hoffmann", uma mistura de partes iguais de éter & álcool, geralmente utilizadas para reanimar os desmaiados. Por via oral & não inaladas, como seria a prescrição, seus efeitos eram imediatos: estupor, alegria inebriante, dupla visão da realidade. Sua denominação era, explicitamente, uma homenagem popular a quem descrevera essas sensações na sua literatura.

Do livro citado, mais uma curiosidade: "*A substância alucinógena conhecida como LSD-25 foi sintetizada, em 1938, por um químico suíço, de nome Albert Hofmann*". Misteriosos são os caminhos do significante...

R.I.P. – *The final trip*

Estas reflexões não levam em consideração uma porção de assuntos importantes, sérios alguns & outros mais divertidos, que já fazem parte da história das mentalidades. A inevitável *psicodelização* da cultura planetária será deixada para ser estudada pelos especialistas das diversas áreas das ciências humanas. Para além das ilusões & das alucinações, cabe aqui o respeito a um técnico que virou humanista, que viveu uma longa vida em completa lucidez, participando, até seus últimos dias, do comitê sueco do Prêmio Nobel, na seleta companhia de figuras notórias, distinto de todos. Firme & forte: se assim foi graças ao seu filho dileto, não se sabe; apenas é conhecido o depoimento da sua primeira & transcendental viagem.

Nos anos seguintes, analisou e sintetizou diversas plantas & sementes psicoativas de épocas pretéritas & culturas perdidas, até desvendar enigmas milenares, como os rituais pré-colombianos baseados na ingestão de *ololiuqui* (*morning glory*) ou a bebida dos deuses que abria os Mistérios de Eléusis, na Grécia antiga. Querido por muitos, manteve o bom humor até o fim, as dopaminas na medida certa & a confiança num futuro melhor.

Muitas vezes, é somente depois da morte do pai que o seu legado ganha eficácia simbólica; só então a sua memória poderá ser honrada, quando as novas gerações continuarem a obra aberta.

Bon voyage.

UM CASO DE MANIA BEM-SUCEDIDO

O historial de R foi apresentado inicialmente pelo seu analista, num artigo onde o destaque era a capacidade regenerativa do desejo, na possibilidade de elaborar uma série de perdas existenciais que, contrariando vaticínios, não levaram à depressão, senão à exaltação.[1] Assim pensado, seria apenas um bom exemplo de resiliência; no entanto, em supervisões posteriores ao tratamento foi percebido que a intervenção do real, extemporâneo, oficiou como suplência necessária para se evitar o pior.

R estava com cinquenta & poucos anos; profissional bem-sucedido, periodicamente retornava à sua cidade natal, três vezes por ano, para visitar seus pais quase centenários. Único filho, ele sentia orgulho de tão salutar longevidade, pois ambos conservavam uma notável lucidez, ainda capazes de se bastarem por si mesmos, com a ressalva de alguns queixumes próprios da idade. As viagens tinham se reiterado ao longo de quase três décadas; em que pese a distância, mantinham uma cotidianidade relativamente fluida. Nessas ocasiões, dependendo do tempo da sua permanência na cidade, visitava seu analista, mantendo o diálogo transferencial ao longo do tempo.

R era uma pessoa vital, entusiasta, assertiva. Seus quatro filhos, de dois casamentos seguidos, já eram grandes; cada um morava numa cidade, coincidindo com o pai nas suas visitas sazonais. Num determinado ano, uma sequência de baques lhe alterou a rotina para sempre. Primeiro, faleceu a mãe; poucos meses depois, o pai: esses acontecimentos, mesmo previsíveis & esperáveis, o tomaram por surpresa. Coincidindo, seu parceiro de aventuras, alma gêmea com quem partilhava ócios & negócios, ficou prostrado por uma doença degenerativa que o manteve pouco acessível até o inevitável desenlace. R precisou então se desfazer da empresa

[1] Mario Pujó, "Dulce melancolia", *Psicoanálisis & el Hospital, Historización & Duelon*, Buenos Aires, n. 43, 2013.

comum para, de alguma maneira, "começar de novo". Sua companheira, considerada como uma terceira esposa, embora não morassem juntos, padeceu uma dolorosa & prolongada infecção óssea, consequência de uma intervenção cirúrgica menor. Para culminar, seus dois filhos mais velhos, como resultado de um mal-entendido relacionado com o espólio dos avós, adotaram um tratamento frio, a ponto de não falarem mais com ele.

Mesmo assim, R manteve a jovialidade caraterística da sua personalidade & caráter empreendedor; organizou eventos multitudinários para celebrar o lançamento de um livro de contos, escrito em poucas semanas numa grande velocidade; preparou uma série de *happenings*, no estilo que conhecera nos anos moços; deu de presente a quase totalidade dos seus livros & discos que até então atesourava com minúcia; pintou a casa dos pais com cores fluorescentes; reformou completamente seu próprio apartamento, instalando um pequeno palco & um cano de *pole dance*. Junto com tudo isso, uma série de coisas insólitas, que os seus colegas tachavam de bizarrices, ainda que para ele, fossem motivos de satisfação. Sentia-se por completo "liberado", "criativo", "infatigável". Tudo isso preocupava amigos que tentavam conversar com ele, quando os diálogos viravam monólogos, pelo uso da palavra durante horas sem escutar nem deixar falar.

Todavia, algo importante ocorreu, pouco tempo depois, a partir de uma nova empreitada, onde participavam as pessoas mais próximas: o quarto filho, sua primeira esposa, um primo-irmão & um amigo do peito, que passara a ocupar o lugar vago do "chapa", seu sócio, então fora do ar. Tratava-se de uma "granja recreativa" para a terceira idade, a ser construída num sítio alugado, localizado numa região bucólica. Contagiados pela sua iniciativa, todos embarcaram na aventura, mesmo sem ter noções prévias sobre o assunto. Cada qual contribuiria segundo esforço & capacidade: um deles seria o encarregado das construções & da manutenção; outro, da cozinha; outro, da relação com as instituições de idosos; enquanto isso, ele, capo & maestro, regeria a orquestra de trabalhadores decididos.

Inquietantes, alguns signos anunciaram aquilo que, segundo a sua interpretação holística, pressagiava a iminência do desastre. Primeiro, foi um incidente com um dos carros, sem maiores consequências. Numa noite de tormenta, o veículo do filho derrapou até sair estrada. A seguir, as intermitentes chuvas da primavera. R raciocinou que, na medida em que cada um da equipe viajava pelo menos uma vez por semana por uma rota diferente, multiplicavam-se os riscos para os seus entes queridos. Tudo isso o deixou em estado de alerta, matutando sobre o acontecido até chegar a uma decisão: suspender a operação & cancelar o projeto, abrindo mão do sonho para evitar o perigo de perder alguém.

A natureza se encarregou de dissipar as dúvidas & confirmar a intuição: poucas horas depois de devolver o imóvel, avisar a equipe & voltar para casa, uma tempestade, nunca vista naquela época & lugar, assolou a região, alagou as terras prometidas, estragou as instalações, acabou com qualquer chance de prosperidade. "*Uma desgraça com sorte*", disse ele, "*perda total do que pode ser reposto*", mas todos, no final das contas, "*firmes & fortes, prontos para outra*".

A pesar do fracasso, R não perdeu a alegria nem o entusiasmo, tampouco o caráter festivo da vida cotidiana. Decidiu recompor o relacionamento com os filhos distanciados, recuperar os discos & a biblioteca, para voltar aos poucos ao comportamento habitual, como anteriormente. O "desastre" operou aqui como um *potlatch* sanador.

***

Para além dos diagnósticos psiquiátricos de outras épocas: *psicose maníaco-depressiva*; ou atuais: *bipolaridade*; ou ainda tradicionais: *morte, luto, melancolia* & *renascimento*, o caso referido deve ser considerado na sua especificidade analítica. Decorrente de uma sequência de traumas afetivos & materiais que modificaram a posição subjetiva de R perante a si próprio & aos outros, a desgraça, puxando para baixo, foi desafiada pela pulsão de vida, ainda mais difícil de suportar, aumentando a aposta. Confrontado com a finitude dos que já se foram & honrando suas memórias, o compromisso com os vivos trouxe de volta a responsabilidade da paternidade num sentido amplo, cuidando para que mais ninguém fosse embora; muito menos de maneira trágica.

A tristeza pelas perdas foi obturada, à medida que a herança paterna subsidiava vontades & caprichos, levando a imaginação ao poder, inflacionando a economia libidinal. Enquanto significante fálico, o dinheiro funcionou para metaforizar ausências, como se no Outro nada faltasse; destarte, nas passagens ao ato, tudo seria possível. Correlativa aos fenômenos típicos de insônia & agitação corporal, a verborragia desatada, o falar sem parar, evidenciava a pretensão onipotente do simbólico ultrapassando o real, pela força do querer, sem delongas, dizendo, fazendo & acontecendo. Foi então que a Natureza irrompeu, tirando a ilusão da ordem & do progresso, desfazendo consistências & mostrando verdades concretas, para além de cálculos & miragens.

Mencionado como operador da cura, o *potlatch* é uma noção emprestada da antropologia, aqui utilizada de forma analógica. Enquanto estratégia da consumação do excesso, a falta é recriada... *precisamente* quando falta, para tornar impossível qualquer completude potencial, impondo, pela força das coisas, um limite para o inviável. Nessa saga, o "bom senso" retroativo, no final das contas, amarrou um novo destino, para propiciar um futuro aberto, nunca isento de riscos nem satisfações outras.

O QUE NÃO TEM REMÉDIO, REMEDIADO ESTÁ...

No limiar de novos milênios, a epistemofilia humana não para de não se contentar com o já sabido, com o progresso ininterrupto das ciências configurando a marca registrada dos tempos que correm. No presente imediato, popularmente chamado de "pós-modernidade", seus frutos não se restringem aos âmbitos exclusivos dos especialistas, nem ficam trancafiados nos claustros universitários. Pelo contrário, os meios de comunicação de massas se esmeram no seu objetivo de noticiar, nas mais variadas modalidades, as novidades dos diversos campos do conhecimento, suas implicações & consequências, sejam estas diretas ou indiretas.

Como Heidegger disse alguma vez, a pureza da ciência encontra um limite inevitável na aplicação concreta das suas descobertas quando o ser torna próprio o saber fazer, colocando-o a seu serviço de forma utilitária, como razão operacional. Tal pragmática, essencial ao desenvolvimento do *homo sapiens sapiens*, define a *tecnologia*.

Essas mínimas considerações prévias são necessárias para introduzir a questão que nos interessa. Raros são os dias em que jornais, revistas & programas de televisão não trombeteiem os mais recentes avanços na exploração dos mistérios do nosso sistema nervoso central. Como nunca antes, agora resulta viável aferir, conferir & referir tudo aquilo que até ontem parecia impossível. As células parecem entregar seus segredos, enquanto os neurônios se mostram à luz do microscópio eletrônico sem nenhum pudor & as sinapses viram espetáculo público. Os neurotransmissores, então, ganham visibilidade, nome & apelido; serotonina, dopamina, acetilcolina fazem a festa dos pesquisadores, que, como pescadores afortunados, enchem fartamente suas redes de sapiência, satisfazendo curiosidades & resolvendo desafios não apenas teóricos.

Tamanha oferta de informações & resultados fez a época atual ser batizada, com bastante otimismo, de "década do cérebro", na celebração de terem sido ultrapassadas, pelo viés do simbólico, as mazelas do real. No entanto, tudo aquilo que nas publicações científicas & nas comunicações acadêmicas é apresentado de forma consistente & sofisticada, nos veículos de divulgação é descrito de um jeito simplificado, superficial, quando não bombástico ou apelativo. Tudo isso seria inevitável, pois a difusão paga o preço da vulgarização, o ônus para poder atingir a maior quantidade de pessoas, não somente aquelas que teriam a pertinência de entender sem diluições.

Com frequência, o estilo jornalístico lança mão do verbo *sugerir*, para dar conta de relações de causa-efeito ainda incompletamente confirmadas. A título de ilustração, em data recente, na *Folha de S.Paulo*, num pequeno espaço do jornal dedicado ao mundo da ciência, constava que "*Estudos realizados na Universidade de Helsinque sobre os efeitos da fumaça de tabaco no lobo parietal & suas decorrências na sexualidade humana sugerem que os fumantes crônicos teriam até 25% de chances de fracassarem na noite de núpcias etc.*". Como saldo, a aparência de verdade revelada que essas notícias adquirem é proporcional à verossimilhança induzida pela alusão à competência do discurso científico, acrescida pelo fato de serem apresentadas em letras de fôrma. Em sendo assim, o hipoteticamente provável recebe ares de plausibilidade.

Em muitas ocasiões, são produzidas matérias múltiplas que trazem, ao mesmo tempo, dados diferenciados, porém convergentes. Por exemplo, comenta-se o que já se sabe sobre determinada função mental & se fazem inferências sobre eventuais distúrbios. Um sintoma, uma síndrome, um quadro clínico psiquiátrico, são correlacionados com o comportamento neuronal & os intercâmbios moleculares que lhes seriam caraterísticos; fala-se então em termos de déficit ou excesso, do que faltaria ou sobraria. Por esse viés, perturbações psíquicas são transformadas em reações & equações químicas; daí que certas combinações possam ser invocadas, na sequência, como explicações nosológicas. A seguir, mencionam-se as qualidades de algum remédio capaz de estabelecer o equilíbrio de início inexistente, cujo uso & eficácia permitiriam a eliminação da patologia. A salvação ao alcance de todos!

Como paradigma do estado de coisas nesse campo, um caso pode ser citado de imediato: a depressão. Um par de décadas atrás, esse termo nem chegava a constituir um diagnóstico autônomo; hoje, porém, é apontado como o "mal do século". Para desvendar o enigma da celeridade dessa mutação cultural, é instrutivo perceber o que estaria em jogo na promoção da dita "doença", junto com seu possível tratamento medicamentoso.

Sem desmerecer os feitos & sucessos das neurociências, tecnicamente aptas para estabelecer uma cartografia operacional do funcionamento das faculdades ditas superiores, convém manter uma prudência relativa perante a avalanche de alvíssaras a respeito.

Isso porque ao mesmo tempo que foi destrinchada a importância da serotonina na mecânica das emoções, também foi comunicado ao mundo inteiro a disponibilidade de medicação certeira para agir sobre aquela, permitindo incidir sobre suas carências. A "boa-nova" emanou dos laboratórios, mas justo ali radica o ponto cego da questão: os templos racionais da empreitada cognitiva costumam ser, de praxe, empresas privadas. A indústria farmacêutica, como qualquer outro entreposto capitalista, tem interesses empresariais bem concretos, tão importantes ou até mais que a saúde da população.

Assim como a palavra *depressão* passou a ser um significante-coringa, utilizada para descrever toda & qualquer conduta ou comportamento que aluda a alguém se sentindo "para baixo", também serve prestamente para receitar ao dito-cujo algum comprimido específico, todos eles com ótimo nome na praça, facilidade de obtenção no mercado & garantia de prognóstico favorável. Quando necessário, não há dúvida de que algumas pessoas possam ser beneficiárias dos fármacos; outras nem tanto, enquanto outras ainda incorporam nas suas vidas um novo hábito, a ingestão diária da pílula do bem-estar, com ou sem a devida prescrição.

Longe de assimilar a ingesta de remédios a um tipo de vício, embora o uso constante de certos antidepressivos se assemelhe bastante com casos típicos de toxicomania, cabe lembrar que os comprimidos indicados & comprados nas drogarias constituem bens de consumo, ou seja, mercadorias, objetos fabricados com a finalidade da geração de lucros. Colocado nesses termos, o assunto encampa uma perspectiva sociológica & um escopo eminentemente econômico. Reflexões dessa ordem podem ficar para melhor oportunidade; aqui, neste contexto, limitaremos o conflito à sua alçada epistemológica, tão só. Voltando ao que foi dito antes, a vulgarização do discurso competente que apregoa os êxitos da pesquisa científica & as benesses da tecnologia, isto é, a compreensão do sistema neurológico & a produção de substâncias sintéticas, por vezes acaba parecendo mera publicidade & simples marketing.

Nada contra, pois neste momento histórico a onipotência capitalista não admite exceções nem alternativas. A grande questão, entretanto, é quando se trata de propaganda enganosa. Sim, porque, no fundo, tudo se baseia num equívoco teórico & num mal-entendido metapsicológico, nunca por completo esclarecido & bem aproveitado para vender os produtos. Os psicofármacos, por melhores que sejam, por mais aperfeiçoados & avançados, agem no real da matéria cinzenta, provocando vários tipos de alterações, supostamente eliminando conexões nocivas, para equilibrar a dinâmica cerebral. Todavia, nada incidem nas verdadeiras causas desses efeitos, consequentes de como leva a vida aquele que padece deles. O inconsciente, por assim dizer, pouco ou nada tem a ver com os neurotransmissores & o desejo; com certeza, não coincide com a serotonina. Na medida em que não se faz uma distinção séria entre as diferentes dimensões da subjetividade afetada, corre-se sempre o risco de achar que a solução elimina o problema, quando, na realidade, a pretensa solução vira um novo problema.

Em outras palavras, quem não tem lebre caça com gato. Na contemporaneidade, no terceiro milheiro de anos, ainda não se chegou ao ponto de celebrar a eficácia absoluta das medicações; muito menos ao pranto alegre pela morte da psicanálise, como sazonalmente a divulgação mercadológica insinua, para veicular suas panaceias com maior facilidade. A aposta, em definitivo, começa pela distinção, não pela confusão, entre o psíquico & o encefálico, topologicamente enlaçados com o sentido que tudo isso faz para o falante, considerando que aquele que sofre não é alheio aos seus fantasmas & sintomas.

No que diz respeito aos direitos humanos dos consumidores portadores de elevadores de tensão personalizada, todo cuidado é pouco para se evitar que o sujeito do inconsciente seja calado & dopado de jeito indiscriminado, ainda que abonado, dosificado & sacramentado pela saúde organizada mundialmente.

A ESCUTA FLUTUANTE DO PROZAC
CLÍNICA DOS TRANSTORNOS MENTAIS BASEADA EM EVIDÊNCIAS

Oscar Cesarotto & Márcio Peter de Souza Leite

EPIFENÔMENO

A disseminação, no período 1985-2015, das medicações psiquiátricas para uso popular no tratamento das inibições, sintomas & angústias próprias das neuroses, a ser objetivada pela meta-análise dos tratamentos psicanalíticos & psiquiátricos desde então.

DOS NOSSOS ANTECEDENTES

Este artigo retoma & continua o diálogo, iniciado nos anos 1970, entre dois praticantes da psicanálise de base freudiana & orientação lacaniana. As distintas formações, em psicologia & psiquiatria, permitiram uma troca fecunda de pontos de vista & de escuta, sempre em torno dos desafios colocados pelo dia a dia da clínica, isto é, a psicopatologia da vida cotidiana & seu correlato, a dor de existir na contemporaneidade.

Três décadas atrás, publicamos os primeiros livros pela Editora Brasiliense, *O que é Psicanálise: 2ª visão* (1984) & *Jacques Lacan: Através do espelho* (1985). Naquela época, o panorama da saúde mental compreendia as psicoterapias, a psiquiatria & a psicanálise; áreas de atuação com fronteiras específicas. A grande novidade, permeando todos os contextos a partir de então, foi o advento do Prozac, um medicamento destinado a equilibrar o psiquismo, permitindo viver feliz. Como nunca, o seu lançamento teve uma campanha midiática globalizada, apregoando a eficiência das suas propriedades, não apenas segundo a propaganda médica, como também pelos depoimentos dos beneficiados. Foi assim que outro livro, *Listening to Prozac*,¹ com testemunhos da aprovação por parte dos usuários, tornou-se best-seller, além de peça publicitária *lato senso*, inaugurando a "década do cérebro", louvada nas mídias acadêmicas & profanas. Pela distribuição indiscriminada, o produto ganhou rapidamente status paradigmático, habilitando uma série de sucedâneos.

Quem sou eu quando falo de mim? Perante a clássica pergunta, mais dos analistas que dos filósofos, a logomarca, como um traço unário, falou por todos & por igual. Houve um antes & um depois: pré-Prozac, a vida de ninguém valia a pena; cada um, carregando a sua miséria existencial. Após a ingesta do panegírico, agora, sim, era possível *"viver de verdade"*, *"se sentir real"*, *"experimentar a plenitude"*, entre tantas outras declarações de inadimplência vital prévia & posterior redenção alquímica. Em todos os casos, os enunciados apregoados, centrados em certezas narcísicas, foram ouvidos sem serem questionados pelos profissionais, que logo referendaram tamanha fama leiga com estatísticas sérias. Para além das caraterísticas da substância básica, a fluoxetina, se somam as decorrências do discurso da ciência oficial, suprindo as demandas de abrir a boca para tragar, antes de dizer. Como resultado, o *eu*, instância psíquica, acabou promovido à categoria central não só da personalidade, como também da subjetividade, individual & coletiva: voz ativa, digna de crédito na sociedade homeostática.

Freud, que alguma vez experimentara o que supunha ser a panaceia,² não descartava que, no futuro, alguma droga pudesse mitigar a condição humana.³ Até então & prova contrária, ele sabia muito bem que as neuroses jamais foram nem seriam resolvidas com remédios, mas com palavras. Associação livre mais escuta flutuante dando lugar à interpretação: o tratamento do real da repetição pela eficácia simbólica da linguagem.⁴ Mirando o eu, o sintoma humano por excelência, que deve

---

[1] Peter D. Kramer. *Listening to Prozac*. Nova York: Viking; Penguin, 1993. [Ed. bras.: *Ouvindo a Prozac*. Rio de Janeiro: Record, 1994.]
[2] Oscar Cesarotto, *Um affair freudiano*. São Paulo: Iluminuras, 1989.
[3] Sigmund Freud, "Más allá del princípio del placer" (1920), in: *Obras completas*. Madri: Biblioteca Nueva, 1970.
[4] Geraldino Alves Ferreira Netto, *Doze lições sobre Freud e Lacan*. Campinas: Pontes, 2010.

ser analisado enquanto soma de conflitos & identificações alienantes; em hipótese alguma, fortalecido, vitaminado ou dopado.[5]

EPISTEMOLOGIA BUROCRATIZADA

Como correlato, os manuais dos distúrbios mentais avalizados pelas instituições mundiais organizaram os tratamentos pela classificação dos efeitos declarados dos padeceres, dando lugar à criação de quadros clínicos estereotipados, enquanto a pesquisa sobre as causas era encampada pelas neurociências no espaço laboratorial. Os mal-estares psíquicos, entretanto, começaram a ser medicados em escala exponencial, focando os poderes dos psicotrópicos, supostos reguladores do funcionamento encefálico, apenas nas queixas explícitas.

Tabelando síndromes, transtornos & novas nomenclaturas, o discurso competente que *a priori* diagnostica & prescreve tampouco precisou atender o específico dos problemas, pois para qualquer um, segundo as bulas, dosagens seriam sempre necessárias para equilibrar os déficits de serotonina, as demandas de dopamina & os superávits de adrenalina. Prognóstico: fidelização dos pacientes, eternamente clientes das drogarias, dependentes dos compostos "da última geração". Resultado: não resolução dos conflitos, dado que a estabilização dos afetos pouco ou nada colabora para que a elaboração psíquica possa reconhecer & resolver o seu cerne, em última instância, libidinal.

Catalogar os sofrimentos da alma, da psique & da subjetividade teria vantagens semiológicas nos campos da neurologia & da psiquiatria: ordem & progresso, avanços na investigação cerebral, certeza diagnóstica, aperfeiçoamento das prescrições. Em todos os casos, pílulas em lugar de palavras, saberes alienantes para solucionar o insuportável, sem colocar em questão nenhuma singularidade. Já para a psicanálise, é no sintoma que se encontra o mais autêntico do ser falante, sexuado & mortal,[6] único no seu devir, personalizando sua angústia na impotência de superá-la. Doravante, a ser tratado pela linguagem, com a palavra,

---

[5] Oscar Cesarotto, *Ideias de Lacan*. São Paulo: Iluminuras, 2015.
[6] Jorge Alemán, *El porvenir del inconsciente*. Buenos Aires: Grama, 2006.

segundo a fala no diálogo; ou seja, pela transferência, sem nenhuma adição de fármacos.[7]

CONSEQUÊNCIAS

Insuficiência do poder curativo pela via química.
Efeitos colaterais incorporados às sintomatologias prévias.
Resistências adicionais a serem vencidas no tratamento psicanalítico.

PATOLOGIAS DO COTIDIANO

O que não tem remédio, remediado está. Vice & versa: aquilo que os remédios não curam precisa de outro tipo de manejo do real desde o simbólico, para além do imaginário capturado pelo orgânico. Pelas agruras do eu perante as exigências da realidade, dos ideais & da libido, seus mecanismos de defesa ficam reforçados quando um elemento externo – a drágea – ocupa a função quase mágica de eximir responsabilidades subjetivas graças aos seus poderes sedativos. Se, no manifesto, tudo fica mais calmo, o que não cessa de não se inscrever[8] permanece latente, eternizado no inconsciente, apesar das sinapses domesticadas pelas receitas magistrais.[9] Medos, transtornos da alimentação, distúrbios do sono, afecções anímicas, alterações do si mesmo, panes do desejo, adições múltiplas, inclemências superegóicas, impulsos tanáticos... Frascos & comprimidos para os fracos & oprimidos? Qualquer sofrimento requer um medicamento?

CLÍNICA BASEADA EM EVIDÊNCIAS

Meta-análise: este termo, extraído do jargão científico da medicina, pode ser adequado para a psicanálise, na observação retroativa do seguimento dos casos & na particularidade das suas consequências. Destarte, constitui o acervo casuístico que não havia na época do começo do uso massivo dos estabilizadores de humor; em paralelo, as empresas

---

[7] Márcio Peter Souza Leite, *Psicanálise lacaniana*. São Paulo: Iluminuras, 2011.
[8] Jacques Lacan, *Televisión*. Barcelona: Anagrama, 1977.
[9] Oscar Cesarotto e Márcio Peter Souza Leite, "Manifesto latente da clínica psicanalítica", in: *Sedições*. São Paulo: Iluminuras, 2008.

farmacêuticas, as companhias de seguro & os planos de saúde também tabelam & computam sucessos & fracassos, ainda que nem sempre os divulguem. Na nossa prática, tanto êxitos como insucessos enriquecem a experiência dos analistas, colocando em perpétuo xeque a teoria. As evidências, por último, permitem avaliar aquilo que deu ou não deu certo. Mais de trinta anos depois da entrada das "tarjas pretas" na cultura, no mercado & no íntimo das pessoas,[10] agora é possível mensurar os alcances dos procedimentos químicos & seus efeitos colaterais.

No tratamento das neuroses, a incidência do uso de ansiolíticos & antidepressivos enfrenta o risco de se transformar num tipo extra de sintoma, ao estilo de uma suplência espúria, portador de um gozo extra; às vezes, fora da dialética da cura.[11] Em outras palavras, mais de um século depois de Freud, o critério de eficácia no andamento das análises continua de pé, aferido pelo descarte da ingesta enquanto resistência, na troca do engolir pela enunciação das próprias verdades, segundo a regra fundamental, na transferência.

Mais análise & menos Prozac? Bom título para um próximo best-seller...

---

[10] Mario Pujó, *Para una clínica de la cultura*. Buenos Aires: Grama, 2006.
[11] Márcio Peter Souza Leite, *Deus é a mulher*. São Paulo: Imagem Digital, 2013..

MÁRCIO PETER DE SOUZA LEITE
– Vida, obra & amizade

Conheci Márcio em Buenos Aires, em 1975. Ele, psiquiatra brasileiro fazendo residência, com formação em psicodrama, cada vez mais interessado na psicanálise, já casado com uma colega argentina. Eu, psicólogo com formação analítica, discípulo de Oscar Masotta; na época, trabalhando na Escuela Freudiana de Buenos Aires, por este fundada. O encontro aconteceu por ocasião de um curso sobre a leitura freudiana de Lacan: interesses comuns, tais como o rock local, consolidaram uma amizade de longa data.

Pela leitura das *Lettres de l'Ecole Freudienne*, soubemos da existência de um primeiro grupo lacaniano no Brasil: o Centro de Estudos Freudianos (CEF), com sede em várias capitais, incluindo São Paulo, cidade para onde Márcio voltaria no ano seguinte, aderindo ao grupo liderado por Luis Carlos Nogueira. Trocamos cartas durante o período mais nefasto da história do meu país, me alentando para migrar & provar sorte nestas terras. Assim foi; no começo, ambos vinculados ao CEF; perante os limites daquela configuração, com outros dissidentes, tentamos uma Escola Freudiana em São Paulo, de curta duração. Depois, com Geraldino Alves Ferreira Netto, consolidamos uma união estável de 27 anos, denominada Clínica Freudiana.

O nome, informalmente, aludia à casa onde funcionavam os nossos consultórios, que tinha sido do avô do Márcio, no Jardim Paulistano, mudando duas vezes de endereço, sempre no bairro, com o agregado de outros colegas. No início dos anos 1980, organizamos, em conjunto, um curso sobre a obra de Freud. A harmonia, tanto profissional quanto pessoal, possibilitou que trabalhássemos em sintonia, como uma unidade autônoma, segundo a proposta da "política dos grãos de areia", lançada pelo Lacan dos últimos dias, após dissolver sua Escola: que os analistas se juntassem livremente para desenvolver a teoria, independentes de qualquer marco institucional. Mesmo assim, participamos de várias tentativas de agrupações em torno do ensino lacaniano, com diversas sortes. Superando tentativas prévias, organizamos a Associação Livre/ Instituto Sigmund Freud, entidade que, durante alguns anos, manteve o nosso estilo de transmissão. Em 1987 & 1988, convidados por Gentil de Oliveira, professor de Psicologia Clínica da PUC-SP, realizamos os primeiros cursos de extensão de psicanálise, cujo sucesso incentivou a criação da COGEAE. A morte do nosso mentor descontinuou aquela experiência de inserção do discurso psicanalítico no universitário, a ser retomada mais tarde.

Em paralelo à prática clínica & ao ensino, também escrevíamos bastante. Naqueles tempos, a Editora Brasiliense era a maior distribuidora de cultura & informação de forma democrática: a coleção Primeiros Passos, em linguagem acessível, permitia aos leitores de primeira viagem tomar contato com textos de autores notórios sobre assuntos relevantes. Inconformados com a versão dada em *O que é Psicanálise*, Márcio & eu achamos que valeria uma réplica, sugerindo outra interpretação. Assim, a quatro mãos, escrevemos *O que é Psicanálise: 2ªvisão*. *Visão*, na perspectiva do retorno a Freud & ao ensino de Lacan. O livrinho teve cinco reedições, isto é, 25 mil exemplares vendidos, distribuídos pelo Brasil afora. Na sequência, lançamos *Jacques Lacan: Através do espelho*, pela coleção Encanto Radical: uma única edição esgotada, 5 mil exemplares.

Mais uma vez, o destino levou alguém muito prezado, Caio Graco Prado, interrompendo a coerência daquela empresa. Continuamos publicando, agora, em outras editoras & em separado. A parceria com Márcio foi sempre complementar & singular, coincidindo nas ideias de um e de outro, na escrita em comum ou nos projetos solo. Além de objetivos coincidentes, nunca precisamos disputar nada, por termos gostos específicos: parecidos, porém, distintos. Destarte, combinamos escrever livros simétricos, dedicados a expandir as referências conceituais: no meu caso, relendo Hoffmann, autor citado por Freud, em *No olho do Outro* (Iluminuras, 1987); no dele, abordando Cazotte, mencionado por Lacan, em *O deus odioso, o diabo amoroso* (Escuta, 1991).

Outra decisão fundamental foi, nos anos 1990, dividir nossas linhas de ação, no intuito de disseminar o legado lacaniano. Samira Chalhub, professora da PUC, nos convocou, junto com outros, para fundar o CESPUC (Centro de Estudos em Semiótica & Psicanálise da PUC-SP), espaço onde foi possível expandir fronteiras teóricas, nas bordas onde a clínica & a cultura se atravessam mutuamente. Ali foram realizadas palestras, cursos, publicações & jornadas; até hoje, continuo o meu percurso na universidade, dando seguimento à *Semiótica Psicanalítica*, o discurso resultante dos nossos saberes sincopados.

Márcio, por sua vez, preferiu investir na formação propriamente dita, concentrando seus esforços na Escola Brasileira de Psicanálise, onde reafirmou sua orientação lacaniana; melhor dizendo, *milleriana*. (Parêntese astrológico: Ele, Jacques-Alan, Geraldino & eu, todos do signo de Aquário! Mais ainda: os três primeiros, nascidos no mesmo dia! No entanto, os dois últimos acharam por bem saírem da instituição oficial...) Numa ocasião, por indicação de Miller, entramos em contato com uma eminente figura da USP, Newton da Costa, gestor da "lógica paraconsistente", aquela que, não contemplando contradições, seria capaz de dar conta do funcionamento do inconsciente. Fizemos uma entrevista com ele, mais tarde publicada no Brasil, na Argentina & na Espanha.

O saber exposto do Márcio suscitava transferências várias, não apenas dos lacanianos. Seu seminário para uma plateia de analistas de outra tribo, curiosos interlocutores, foi publicado em 1995, *A negação da falta: Cinco lições para analistas kleinianos* (Relume-Dumará, 1992). Em 2000, uma versão expandida foi lançada pela Iluminuras, com o título de *Psicanálise Lacaniana*; também reeditado em 2010. Nessa editora, realizamos uma junção dos livros da Brasiliense, mais um par de textos & uma lista das obras & dos seminários, num único volume: *Jacques Lacan: Uma biografia intelectual* (1993; reeditado em 2001 & 2010, com novos capítulos). Márcio também colaborou ativamente na produção de *Ideias de Lacan* (Iluminuras, 1995), obra coletiva de ampla difusão.

Márcio ensinava tudo o que sabia, de maneira clara, para os que tiveram a oportunidade de acompanhar seu raciocínio clínico & solidez teórica, que levavam a verdadeira psicanálise para a frente, baseada na prática da escuta & na leitura exaustiva dos escritos. Participou de congressos, conferências, mesas-redondas & debates, em instituições, hospitais & alhures, sempre com a mesma generosidade simbólica de partilhar o conhecimento com todos os interessados. Teve muitos grupos de estudo, enquanto pôde sustentar o discurso com a voz; porém, aos poucos & inexplicavelmente, sua saúde começou a apresentar sinais de declínio. Desde então, seguiram-se anos de penúria & perda do controle somático, o que não o impediu de manter a direção dos tratamentos, superando as impossibilidades.

Alguma vez, no livro *Viagens extraordinárias pela Translacania*, François Perrier advertira sobre os perigos desse ofício, que tanto coloca em risco a libido pessoal, ao relatar, de forma ficcional, os casos verídicos de analistas lacanianos caídos no cumprimento do dever, ao pé do divã. Antes, Lacan já dizia que os praticantes pagam com o mais íntimo do seu ser, o real do corpo, o suporte do seu espírito. No entanto, Márcio manteve, apesar dos seus pesares, a integridade espiritual intacta, assim como a lucidez & a vontade de viver, sem ficar aquém das limitações. Nunca se queixou de sua sorte, encarada com a temperança de um samurai & a sabedoria de um gnóstico, aqueles que sabem que a carne é fraca, mas a vida não é pequena.

Nos primeiros anos do século XXI, Márcio, contando com a colaboração de uma equipe de discípulos, criou a *Conexão Lacaniana*, para dar vazão ao seu ensino. Em plena era digital, a transmissão teórica foi adequada aos padrões dos cursos à distância, no diálogo propiciado pelos computadores, capazes de tornar a ausência uma presença virtual.

Durante vários semestres, foram desenvolvidos seminários on line, acompanhando os avanços do seu modo de definir a psicanálise. Leitor incansável de toda a literatura lacaniana disponível, cada vez mais foi se adentrando nas filigranas do que se convencionou chamar de "último Lacan" ou "segunda clínica", enfim, o ponto derradeiro até onde o mestre teria levado a coisa freudiana.

Em primeiro lugar, a sexualidade feminina revisitada, partindo de Freud para chegar até os matemas da sexuação; estes, levados a sério, acarretam uma reformulação conceitual precisa, destacando os gozos & suas patologias; ao mesmo tempo, isso implicaria também outro manejo da transferência & da interpretação. Em sintonia com sua formação em psiquiatria, assim como o próprio Lacan, considerava que a psicose constituía o paradigma do psiquismo, destronando a histeria como pedra angular freudiana. Para isso, era necessário construir uma argumentação consistente, cristalizada, depois de anos de adiamento, no livro póstumo *Deus é A Mulher* (Instituto Márcio Peter, 2013) no qual, coerente com seu progresso, foi fiel ao propósito de colocar no papel tudo o que sabia, redigindo uma espécie de *Psicanálise Lacaniana II*, para dar conta dos últimos seminários de Lacan, sempre desde um ponto de vista original, fundamentado na significação do falo & seus devires, na foraclusão generalizada, na clínica universal do delírio & na psicose ordinária.

Márcio foi extraordinário, único na espécie, analista *hors-concours*. Sua trajetória, ímpar, lhe garante um lugar na história da psicanálise no Brasil, com sua produção como lastro. O Instituto Márcio Peter, fundado pelo seu desejo vivo, tem por função o cuidado do seu legado imperecedouro. Deus está presente no título de dois dos seus livros, não por acaso. O Distinto Colega deve estar hoje em boa companhia, com Gentil, Luis Carlos, Samira & Caio, todos os nossos amigos de vidas passadas & futuras; ademais do Dito-Cujo, quem sabe, a Dita-Cuja...

SOBRE O AUTOR

Oscar Angel Cesarotto nasceu em 1950 em Buenos Aires, Argentina. Estudou no Colegio Nacional de Buenos Aires e graduou-se em Psicologia pela Universidad de Buenos Aires (UBA). Obteve formação em psicanálise na Escuela Freudiana de Argentina, fundada por Oscar Masotta, de quem foi aluno e continua discípulo.

Residente em São Paulo desde 1977, a amizade com Márcio Peter de Souza Leite inspirou uma parceria épica, fundamental para a disseminação do ensino de Lacan no Brasil, destacando as produções conjuntas: *O que é psicanálise: 2ª visão* (1984) e *Jacques Lacan: Através do espelho* (1985), pela Brasiliense, além da versão expandida, *Jacques Lacan: Uma biografia intelectual*, publicada pela Iluminuras em 2015. Com Geraldino Alves Ferreira Netto, participou de várias experiências institucionais (Centro de Estudos Freudianos, Escola Freudiana de São Paulo, Clínica Freudiana, Associação Livre-Instituto Sigmund Freud, Escola Brasileira de Psicanálise), cuja resultante, hoje, é a Associação Livre, funcionando em São Paulo, Campinas, Goiânia e Lisboa.

Organizou o livro *Ideias de Lacan*, com a participação de 21 analistas e um poeta, lançado em 1995 pela Iluminuras, com reedições em 2001, 2010 e 2015. Escreveu também:

— *Contos sinistros: E.T.A. Hoffmann / No olho do Outro*, publicado em 1987 pela Max Limonad, foi ampliado e reformulado como *No olho do Outro: "O Homem da Areia" segundo Hoffmann, Freud e Gaiman* (Iluminuras, 1996).

— *Um affair freudiano: Os escritos de Freud sobre a cocaína* (1989); *Contra natura: Ensaios de psicanálise e antropologia surreal* (1999); *O verão da lata* (2006); e *Sedições* (2008), todos pela Iluminuras.

— *Tango malandro*. Tese de doutorado em Comunicação e Semiótica pela Pontifícia Universidade Católica de São Paulo (PUC-SP), onde desempenhou, por décadas, o papel de professor de Comunicação e Semiótica.

No âmbito universitário, idealizou e concretizou dois cursos de especialização lato sensu: "Semiótica psicanalítica – Clínica da cultura" (PUC/COGEAE), iniciado em 2003, e "Cultura material e consumo" (ECA/USP), desde 2018.

No campo das artes plásticas, ao longo dos anos, tem realizado diversas exposições de arte conceitual decorativa, apresentando ao mundo os *Ikebanas lacanianos*, que também ornamentam as capas de alguns dos seus livros.

OUTRAS OBRAS DO AUTOR

UM AFFAIR FREUDIANO
Os escritos de Freud sobre a cocaína – 1989

JACQUES LACAN
Uma biografia intelectual (com Márcio Peter de Souza Leite)
1993 – 2001 – 2010

IDEIAS DE LACAN (Org.)
1995 – 2001 – 2010 – 2015

NO OLHO DO OUTRO
"O Homem da Areia" segundo Hoffmann, Freud e Gaiman – 1996

CONTRA NATURA
Ensaios de psicanálise e antropologia surreal – 1999

TANGO MALANDRO – 2003

O VERÃO DA LATA – 2005

SEDIÇÕES – 2008

Todos pela Iluminuras

**CADASTRO
ILUMINURAS**

Para receber informações
sobre nossos lançamentos e
promoções envie e-mail para:

cadastro@iluminuras.com.br

Este livro foi composto em *Scala* pela *Iluminuras* e terminou
de ser impresso em 2019 nas oficinas da *Meta Brasil Gráfica*,
em Cotia, SP, sobre papel off-white, 80 gramas.